低温经济
日本低增长之谜

鹤光太郎

［日］前田佐惠子

村田启子

著

王 宁 译

中国科学技术出版社
·北 京·

NIHONKEIZAI NO MACRO BUNSEKI TEIONKEIZAI NO PUZZLE WO TOKU
Copyright © 2019 by Kotaro Tsuru, Saeko Maeda, Keiko Murata
All rights reserved
Originally published in Japan by Nikkei Business Publications, Inc.
Simplified Chinese translation rights arranged with Nikkei Business Publications, Inc.
through Shanghai To-Asia Culture Co., Ltd.

北京市版权局著作权合同登记　图字：01-2022-2181。

图书在版编目（CIP）数据

低温经济：日本低增长之谜 /（日）鹤光太郎，
（日）前田佐惠子，（日）村田启子著；王宁译 . —北京：
中国科学技术出版社，2023.1
　ISBN 978-7-5046-9819-3

Ⅰ.①低… Ⅱ.①鹤… ②前… ③村… ④王… Ⅲ.
①经济—研究—日本 Ⅳ.① F131.3

中国版本图书馆 CIP 数据核字（2022）第 199315 号

策划编辑	赵　霞	
责任编辑	韩沫言	
版式设计	蚂蚁设计	
封面设计	马筱琨	
责任校对	吕传新	
责任印制	李晓霖	

出　　版	中国科学技术出版社
发　　行	中国科学技术出版社有限公司发行部
地　　址	北京市海淀区中关村南大街 16 号
邮　　编	100081
发行电话	010-62173865
传　　真	010-62173081
网　　址	http://www.cspbooks.com.cn

开　　本	710mm×1000mm　1/16
字　　数	205 千字
印　　张	16
版　　次	2023 年 1 月第 1 版
印　　次	2023 年 1 月第 1 次印刷
印　　刷	北京盛通印刷股份有限公司
书　　号	ISBN 978-7-5046-9819-3/F·1061
定　　价	79.00 元

（凡购买本社图书，如有缺页、倒页、脱页者，本社发行部负责调换）

作为"难题先行国"的苦恼及对策

● 本书的宗旨

时至令和①时代，回顾此前的日本经济，自20世纪90年代以来，日本便先于其他国家经历了泡沫经济崩溃、通货紧缩、少子老龄化等诸多艰难时刻，始终在摸索中前行。

泡沫经济的出现和崩溃在历史上也曾多次出现，撼动过整个金融系统。在发达国家中，类似的危机最早可以追溯到第二次世界大战前的经济大萧条时期，物价水平下滑也可以追溯到同一时期，而率先实行零利率政策的国家也是日本。

作为一个"难题先行国"，日本一直是在摸索中勇闯难关、寻找对策的。其体现之一便是，在经济学理论无法充分满足现实需要的情形下，负责经济分析的学者、负责政策立法的决策者为了解决难题只能不断试错。

经济学，特别是宏观经济学，提到的问题大都源于现实的经济动向，因此该理论与它的发展中心地——美国的经济态势密切相关。

从20世纪90年代至2008年世界金融危机爆发前，美国经济一直处于所谓的"大稳健"（Great Moderation）时期，从宏观经济的角度来说，这

---

① 日本历史第 248 个年号，从 2019 年 5 月 1 日 0 时起启用。——编者注

其实是丧失了忧患意识。在这种背景下，美、日两国面临的问题实际上大相径庭。

因此，作为"难题先行国"的日本仅靠照搬以美国经济为研究核心的宏观经济学是解决不了自身问题的。即便是广泛收集不同经济学领域的见解，日本也必须要建构基于自身问题的分析框架，这一点即便在未来应该也适用。

重读《宏观经济学与日本经济》[1]

执笔本书的机缘之一，是计划出版1984年由黑坂佳央、浜田宏一共同执笔的《宏观经济学和日本经济》一书的新版本。该著作通过分析当时日本经济的宏观数据，将宏观经济学的现代基准浅显易懂地传达给读者，旨在加深民众对日本经济宏观理论的理解。

说到当时的宏观经济学教科书，除中谷严的《宏观经济学入门》[2]外，占主导地位的都是参照美国数据编写的美国教材的译本。本书作者之一鹤光太郎当年作为日本经济企划厅的新晋人员，至今对彼时如饥似渴地阅读该书的情形记忆犹新。

《宏观经济学和日本经济》虽阐明了深受美国经济态势及政策影响的宏观经济学与日本的经济现状并不吻合的问题，但也有将二者强行捆绑的明显意图。如书中所述：执一面将欧美经验抽象化的镜子来观照日本经济时，便可知晓二者有何不同，在了然日本经济特征的同时，也洞悉了镜子本身就存在问题。

该著作还介绍了正村公宏的观点，指出纯学术式的经济学已经沦为

---

[1] 日文版由日本评论社于1984年出版，未引进到中国大陆。——编者注

[2] 目前已由日本评论社出版第6版。——编者注

"脱离现实、被过度粉饰的理论集装箱"，而学者们追求的是"将日本的经济和社会现状作为一个整体来展望的、可信赖的认知体系"，例如主张"即便不是纯理论，但也应该是基于坚实的理论体系之上的完整脉络"等。针对这一情形，书中总结道：倘若众多经济学学者都站在个人的理想视角展望整个日本经济的话，那日本经济将何去何从呢？看来的确是到了迎接所有挑战的时刻了。

同时，该著作也对研究路径进行了如下陈述。

"将日本经济的相关数据如实地、简单明了地展现在读者眼前。"

"使用数据统计图及二变数图示等，力求一目了然地来探讨战后日本经济的发展态势。"

当然，这里并非否定新型精密的统计方法，书中阐明，必须要在充分理解统计方法的原理后进行翔实的说明。据此，再调动我们既有的全部备用工具，物尽其用，方能深刻理解日本的经济现象。

本书的立场和脉络

本书作者的立场、文章脉络与前述的黑坂佳央、浜田宏一及正村公宏的主张有诸多相通、重合之处。主要包括以下几点。

- 从宏观角度长期、开放式地展望、鸟瞰整个日本经济的状况。
- 最大限度地活用目前掌握的经济学理论、实证分析方法，同时也慎重考虑前沿宏观经济学是否适用于低迷的日本经济。
- 尽量提供简单易懂的图表，让读者能够一目了然地读懂日本经济的关键点及痛点，力求提供可视化方案。

笔者三人均曾在日本经济企划厅、内阁府任职，都曾执笔《经济白皮书》《经济财政白皮书》。最近的《经济财政白皮书》在分析方法上日益优良。近年来，在经济学实证分析法中，微观数据的时序排序和截面排序分析法已成为主流，得到了广泛应用。书中提到引用最前沿的论文等，可见学术水平较之以往也显著提高。毋庸置疑，笔者也是高度认同这些的。

但笔者也深深感到，政府《经济财政白皮书》追求的应该是反复斟酌、彻底理解实时更新的前沿经济学理论，将其应用于日本经济，并且用简单的图表来讲清日本经济的本质吧。

鹤光太郎在日本经济企划厅任职时，曾听前辈讲过这样的逸闻：有人在两张摹写纸上分别画好图表，然后将其重叠在一起，透过摹写纸边看边思考二者之间的关系。

如何确定特定因果关系已经是当前经济学实证分析的常识了。在此影响下，有些人或许会觉得"做那样的事情没有任何意义呀"，因此弃之不管。其实应该虚心看待数据，根据数据重新展开严谨的实际调查。请务必记住这种脚踏实地的研究方法。

《经济财政白皮书》除结构性主题外，主要是分析过去一年日本的经济动向。这种模式始于20世纪80年代，如果该研究路径的适用期已长达三四十年，那我们也应该有意识地思考日本经济到底呈现了怎样的发展态势。而且，回望三四十年的变化，也应该明白这种发展态势到底是具有国际普遍性的还是日本独有的。为此，本书会以国际视角进行积极地探讨。

● 宏观经济学的主要流派

在本书中，应该如何看待前沿的宏观经济学呢？为了探讨此点，本书首先简单回顾一下宏观经济学的主要流派，依次简单介绍20世纪60年代凯恩斯经济学派的兴盛期、20世纪70年代货币主义学派对其的批判、20世纪70年代后半期至80年代初期理性预期学派的登场、20世纪80年代真实经济周期理论学派和新凯恩斯经济学派的对立、20世纪90年代后半期新兴的新古典综合学派与动态随机一般均衡（DSGE）模型的结合。

凯恩斯经济学派

凯恩斯的理论既有广度又有深度，很难简单概括。但普遍认为其与宏观经济学相关的核心理念是对价格调整机能的怀疑。

换言之，凯恩斯强调：现实经济并不是瓦尔拉斯均衡的状态（价格能够迅速得到调整，市场能够保持常态均衡），特别是劳动力市场中工资具有向下僵固性的特征，即便在经济不景气的情况下，工资也很难调整，同时非充分就业的情况还会持续下去。

言外之意就是为实现充分就业，需要政府进行宏观调控，积极应对需求不足的问题。凯恩斯的观点作为后来基于希克斯的理论建立的IS–LM模型①（以及稳定的菲利普斯曲线）的一部分被广泛接受，成为20世纪60年代宏观经济学界的共识。

货币主义学派

但是，上述共识在20世纪70年代无论在实证还是理论上都出现了破绽。在实证方面，很难解释这一时期因通货膨胀加剧引起的失业增多现

---

① 由经济学家希克斯和凯恩斯学派创始人汉森在凯恩斯宏观经济理论的基础上概括出的一个经济分析模型，就是把商品市场和货币市场结合起来，建立一个商品市场和货币市场的一般均衡模型。——编者注

象，这是菲利普斯曲线的破绽。

在理论上，弗里德曼强调：自然失业率（充分就业条件下的失业率）是由劳动力市场的结构性原因决定的，即便在政府干预下有所缓解，但国民的通胀预期一旦发生变化并且保持长期的高涨状态，失业率是不会下降的。

在政策方面，他提出既要重视短期内的货币供应量对生产的影响，也要清楚该影响往往是延迟而多变的，所以提倡保证货币供应量长期稳定的政策。以弗里德曼为主导的货币主义学派和力主政府应该对经济进行宏观调控的凯恩斯学派针锋相对。

理性预期学派（新古典宏观经济学派）

卢卡斯和萨金特等人接受了弗里德曼的观点，构建了一个明确考虑国内经济预期的理论，以理论的应用部分理性预期和市场均衡这两点为前提条件，得出一个非常有影响力的结论："预期货币政策是无效的"（货币政策无效性命题）。

换言之，预期货币供应量的增加只会导致预期型通货膨胀，短期内根本不会影响到现实的生产水平。这和凯恩斯经济学更是势不两立。

而且，卢卡斯断定：考虑到经济主体对政府策略的期待变化，消费、投资等宏观经济变量在很大程度上依存于对未来经济动向的预判，未必和其他经济变量有结构性的关系，因此在决策时不应该使用宏观计量经济模型。

因为他们的结论可谓极端，所以当时有很多反对的声音，引发了不少直接与"理性预期"命题相关的讨论。但实际上，假定每个经济主体行为合理、市场均衡发展是非常重要的，所以不如将理性预期学派称为"新古典宏观经济学派"更恰如其分。"理性预期"这一假定后来被所有学派采纳应用。

20世纪80年代以后，宏观经济学的重要命题除采纳了上述经济主体的理性预期观点外，还加入了微观理论基础。之所以这样，是因为凯恩斯经济学在解释价格的黏性、刚性时，并未追溯到每个经济主体，也没能进行经济学方面的理论分析。当然，货币主义学派同样也被指出缺少坚实的理论基础。

真实经济周期理论学派

20世纪80年代以后，理性预期学派开始向真实经济周期理论学派发展。

所谓真实经济周期理论，是指技术革新等实物冲击作为人们合理行为的结果从而改变了劳动供给、消费状况，经济周期就是因可利用的生产技术的变革而带来的自然、高效的经济发展变化。

这一理论和理性预期学派一样，认为经济周期可以用"实物冲击"来解释，这在当时引起了相当大的轰动。但真实经济周期理论没有忽视价格、工资是具有伸缩性的，因此假定市场均衡这一前提是很重要的。

而且，这一理论包括家庭、企业等不同经济主体的预期、具有历时性[①]的科学合理的行为，构建的是一般均衡模型。大家应该注意到这一理论是后面要讲的DSGE模型的基础。

新凯恩斯经济学派

20世纪80年代以后，被称作新凯恩斯学派的学者考虑到用市场均衡模型难以解释短期的经济波动，同时为了解决前述新古典学派的经济学家指出的工资和价格的黏性、刚性缺少微观理论基础的问题，主张构建能够通

---

① 指一个系统发展的历史性变化的情况，从过去到现在再到将来。——编者注

过微观经济主体的客观行为说明工资和价格黏性、刚性问题的模型，主张非自然失业的客观性及金融政策的有效性。

以下是新凯恩斯经济学派关于工资和价格黏性、刚性的微观理论基础的几个观点。

具体来说，第一点是，企业要调整价格就必定涉及一项费用，即调配成本。假设为总需求外部性的情况，即其他公司的价格变动影响到自己公司的利益，那么众所周知，即使调配成本很低也会发生价格的黏性反应。

第二点是，调整价格有时间差异（交错调整价格）。如果各个企业的价格调整时间有差异，那么从整个经济形势来看，价格的调整时间是延迟的，这也有可能增强价格的黏性。

第三点，调控失灵。如前所述，假设为总需求外部性的情况，假定只有两家企业，那么大家考虑一下是否会出现商品贬值的情况？

如果两家企业同时下调价格，那么可以规避经济不景气的状况，达到双赢。但是，如果只有一家企业下调价格的话，就不能规避经济不景气状况，下调价格的企业会比没有做出改变的企业承受更多损失，这相当于博弈论中的"囚徒困境"[①]，如果两家企业不同时下调价格，那么这一行为就达到了纳什均衡，两家企业都无法摆脱经济不景气状况。

第四点，效率工资假说。这是指在劳动力市场，如果供大于求，为保证市场均衡发展，应该降低工资。但是为什么并没有出现工资下调的情况，失业状况依旧没有明显改观呢？效率工资假说就是来解释这一现象的。

企业通过支付高于市场平均水平的工资，可以防止职员离职（职员可

---

① 囚徒困境是博弈论的非零和博弈中具代表性的例子，反映个人最佳选择，并非团体最佳选择。——编者注

以得到高于市场平均水平的工资，离职的话工资可能会变低），也可以聘请高水平人才，以此激励职员更加努力。

以上大多是局部均衡的特殊模型，但新凯恩斯主义学派为工资和价格的黏性、刚性奠定了多样的微观理论基础，可以说是为后面将要介绍的DSGE模型的整合夯实了基础。

新古典综合学派——DSGE模型主流化

进入20世纪90年代后，一直以来争论不休的新古典经济学派和新凯恩斯经济学派，被宏观经济学家慢慢整合为新的理论。

这次整合的新理论叫作"新古典综合学派"，模仿的是以前萨缪尔森将新古典主义的微观经济学与凯恩斯经济学进行整合后的"新古典学派"的叫法。这次理论整合，简而言之就是从新古典经济学和新凯恩斯经济学两大学派中"博采众长"的成果。

从新古典经济学派汲取了多种模型化工具来说明家庭、企业是如何决定未来走向的。从新凯恩斯经济学派中吸收了价格刚性理论来说明货币政策的有效性。

该学派理论整合的核心观点是，用动态的一般均衡范式来洞察整个市场经济，允许它因价格刚性及市场的不完全性暂时偏离最优的资源配置状态。

换言之，可以构建包括历时最优化、理性预期、市场的不完全性、价格调整成本四大特征的模型。

很多时候，新古典综合学派被简单称为DSGE模型。现在，如果提起宏观经济学，也常常说到DSGE模型，它甚至成为全世界的中央银行所信奉的"铁律"。虽然并非没有过"无DSGE模型，便无宏观经济学"的浪潮，不过宏观经济学与微观经济学的界限确实越来越模糊了，这也是不争的事实。

DSGE模型面临的困境

如此说来，宏观经济学是在古典经济学与凯恩斯经济学的长期斗争中发展起来的，但是随着理论上的不断整合，两学派之间的对立日渐减弱。但这并不意味着对DSGE模型的批判之声会烟消云散。市场的不完全性势必导致有这一模型无法左右的个例出现。

最惨痛的批判之声是当时的DSGE模型没能预判、分析出2008年的世界金融危机。为攻克这一难题，许多卓越的研究成果层出不穷。

而且，还有学者指出：它虽说是一般均衡模型，但以一个家庭、一家企业为代表来解释动态的最优化问题，这本身就忽略了经济主体的多样性。由此，将经济主体的多样性考虑在内的模型研究也多了起来。

DSGE模型与本书立场的关系

DSGE模型是汲取了大量的宏观经济学成果后逐渐完善起来的，它无疑是将宏观经济学作为一种"科学真理"来看待的。那么在本书当中应该如何看待这一发展成果呢？笔者并不认同如果不使用DSGE模型进行实证分析，宏观经济学就取得不了今日的成就这一观念。

DSGE模型本质上是在意识到了经济主体多样性的同时，将每一个经济主体的行为都用微观经济学理论深入分析，研究每个主体之间的关联性，将它作为一个经济整体来思考其动向。

如此一来，就可以在宏观和微观的视角下自如切换，考虑每个经济个体的行为及成因之间的关系，可以说，这是汲取了前沿理论知识的宏观经济分析的精华。

正如前文已阐明的那样，本书会最大限度地灵活运用目前掌握的经济学理论、实证分析方法，同时也会慎重使用前沿宏观经济学分析茫然、低迷的日本经济。

● 本书的构成

在前言的最后，简单介绍一下本书的构成。如前所述，作品的立场之一是以宏观的视角开放式地俯瞰、展望整个日本经济的长期走向。因此，第1章主要介绍日本经济的发展状况，第2章介绍各经济主体的储蓄/投资均衡问题、第3章聚焦于经济周期现象，从整体上把握战后日本经济的宏观特征与变化。

第4章、第5章分析几个已经日渐明朗的难题，包括经济与劳动供需关系的脱节，经济、劳动供需与工资、物价关系的脱节，探明经济与设备投资关系的弱化现象。

在第6章中，分析了家庭储蓄率下降的主要原因及由此带来的新难题，探究年轻人、老年人等不同人群在不同情况下储蓄率的不同倾向。

根据第6章的分析结果，将日本经济的宏观性特征总结为"低增长、低温经济的自我实现"。第7章中指出平成时代[①]的财政货币政策并不能解决日本经济发展过程中的上述难题，甚至有可能陷入使经济状况更加恶化、机能不全的困境中。第8章提出应从提升经济增长力和探讨低温经济的功与过两方面着手，以便摆脱"低增长、低温经济的自我实现"这一桎梏。

第8章中，虽坦言提出全面性建议确实超出了笔者的职责及能力，恐会以偏概全，但最后还是想在政策提案方面略言一二。正视经济现状是决策的基本，这在任何时候都不会改变。如果能做到这一点，那么日本自然就

---

① 1989 年 1 月 8 日—2019 年 4 月 30 日。——编者注

很清楚应该制定什么政策，至少清楚哪些政策是毫无价值的。

如今，基于证据的政策立案已经成为流行语，并被广泛使用。而且经济学家、经济学学者与决策过程密切相关，这也是事实。但实际上也有与现实情况严重脱节、仅凭个人意志制定的政策畅通无阻的情况。本书力求通过对日本经济难题的严谨分析，追本溯源找到对策。

第 **1** 章　放缓的经济增长

第 **2** 章　巨变后日本经济部门间的均衡关系

第 **3** 章　改观的经济周期

第 **8** 章　改变低温经济的现状

第 1 章

放缓的经济增长

第 1 章从经济增长的角度来分析日本经济的"实力"。首先，概述了战后经济增长率的发展变化，并从劳动力、资本、全要素生产率（TFP）三方面来分析经济潜在增长率低下的主要原因，进而说明以上三方面皆是经济增长迟缓的原因；然后，分析劳动力供给、资本供给低下的主要原因；最后，从产业、企业的视角深入探讨全要素生产率下滑的原因。

经济增长变慢的 现状及原因

● 战后经济增长的发展变迁

战后的日本经济经过复苏期，至20世纪70年代初期，无论名义经济增长率还是实际经济增长率均超过10%（经济高速增长期）。即使因石油危机实际经济增长率放缓，也不会低于5%，经济仍处于发展的平稳增长期。

20世纪50年代后半期，日本的经济规模名义上是12兆日元[①]左右，之后达到36兆日元（60年代平均值），而后膨胀到148兆日元（70年代平均值），实际经济增长率也是每10年出现一次倍增，到20世纪80年代，日本的经济规模已超过300兆日元。

20世纪80年代后半期迎来了泡沫经济时代，90年代的名义国内生产总值高达500兆日元。但是泡沫经济崩溃后，经济增长率急转直下，特别是进入21世纪后大多都处于负增长状态。10年间的名义国内生产总值增长率平均值也为负。名义国内生产总值增长率低于实际增长率的时候，就会出现通货紧缩现象。

---

① 1兆日元等于1万亿日元。——编者注

进入20世纪90年代后，持续不变的低增长率备受瞩目，成了日本经济学领域讨论的焦点问题。

● 潜在增长率低下

预期经济增长率往往因短期内需求变化的影响而产生波动，如果要考察中长期的经济增长情况，就必须要观察能证明经济基础的供给面，如生产力等要素。

测算经济"实力"，需要对生产函数及各要素（资本、劳动）投入量等进行一定的假设，以此来观察潜在增长率的发展变化。

内阁府测算的日本潜在增长率在20世纪80年代是超过4%的，可是到了20世纪90年代后大幅下落，进入21世纪则低至1%左右，2008年世界金融危机之后已近零。2010年后稍有好转，但也只是恢复到1%左右。

20世纪90年代实际经济增长率大幅下降，低于潜在增长率的时候越来越多。根据实际需求侧测算的经济实际增长率与潜在增长率之间的差距被称作宏观供需缺口（国内生产总值缺口）。

国内生产总值缺口在20世纪整个90年代一直存在。21世纪早期，经济实际增长率终于持续超过潜在增长率，负增长的国内生产总值缺口终于消失。但因世界金融危机导致需求减少，在这一重大冲击下，国内生产总值缺口再次变成负值。

后来，经济实际增长率再次超过潜在增长率，2010年后开始呈现持平状态，国内生产总值缺口基本消失，接近零。

与其他国家相比，20世纪80年代，日本的潜在增长率比德国、美国、英国、法国高，但日本从90年代到21世纪初期急转直下，2010年后比这几个国家的潜在增长率都低。而且，在此期间，这4个国家虽然没有出现日本这般急转直下的情况，但潜在增长率也都呈现下降趋势①，到2015年左右基本上徘徊在1%—2%。

● 潜在增长率放缓原因详解

下面我们来看一下到底是什么原因导致了经济潜在增长率的下滑。

潜在增长率与实际增长率一样，都可以从劳动投入量、资本投入量及全要素生产率三方面进行解释。

图1-1显示的是20世纪80年代、90年代、21世纪初期、2010年后各个年代的潜在增长率及以上提到的三要素情况。

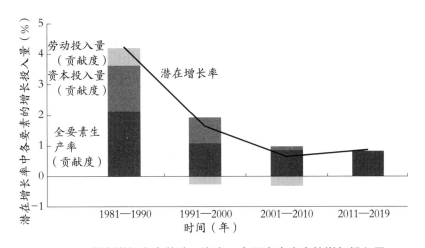

图1-1 潜在增长率中劳动、资本、全要素生产率的增长投入量

数据来源：内阁府，国内生产总值缺口预测。

通过该图可以看出，20世纪80年代潜在增长值的支柱因素依次排序为

① 20世纪90年代至21世纪初期，德国经济潜在增长率急速下降。

全要素生产率、资本投入量，然后才是劳动投入量；进入20世纪90年代，劳动投入量转为负值，全要素生产率与资本投入量也在减少；21世纪初期资本投入量进一步缩减，进入2010年后基本为零。最终演变成只能通过全要素生产率的增长率来说明经济潜在增长率的局面。

劳动投入量
增长缓慢的原因

● 劳动投入量的变化

下面详细探讨一下各要素投入量锐减的来龙去脉。首先是劳动投入量。它由劳动者人数①与人均劳动时间之积来表示，所以从这两个要素的增长率着手，分别探讨劳动投入量的变化。

从业者人数在20世纪80年代至90年代中期、2005年左右、2010年后处于增长状态，这是劳动投入量发挥积极作用的时期。但是在从业者人数上升期间，20世纪80年代后半期到90年代前半期、90年代后半期至21世纪初期、2010年前后，劳动时间都在减少，这导致劳动投入量下降。

关于劳动时间缩短这一现象，每个时期都有不同的原因。20世纪80年代后半期因为日本实行缩短工时政策，所以法定劳动时间变少；20世纪90年代末之后，雇佣制度的调整、正式职员大规模退休、非正式员工增加等

---

① 劳动者人数原本指从业者人数，包括雇佣者与自营业主两部分，但是在用劳动者人数与相应的劳动时间分析劳动投入量时，所指的只是雇佣者的劳动时间。

成为主要的影响因素；而2008—2009年，因世界金融危机导致生产需求减少，劳动需求随之锐减，法定外劳动时间也随之减少等，这些也都是重要原因。

进入2010年后，短时间劳动者比例增加，整体来看，平均劳动时间变短了。这一时期从业者数量增加主要是因为老年人、女性的就职参与度提高。但这一劳动群体通常倾向于短时工作。

总之，在劳动投入量方面，主要是劳动时间的缩短带来强大的下行压力。

● 劳动质量的变化

必须要注意的是，上述研究是站在了劳动者属性完全一致的角度上，并没有考虑到异质性，例如，个人的能力、技术等。当人力资源储备不同时，劳动的边际生产率就会不同，这一点是不难想到的。

实际上，如前所述，20世纪90年代以来，从业者中非正式受雇人数的比重呈上升趋势，进入2010年后，尤其是女性及老年人的比重不断增长，他们当中的大部分人都是短时间劳动者。

所以，在从业者多样化的情形下，为了能更加准确地了解其对劳动增长的贡献，考虑劳动质量、边际生产率等要素的差异也是重要的课题。

重要的课题之一就是劳动投入指标。它是指日本产业生产率数据库提供的、将劳动质量考虑在内的劳动投入量。在这个数据库中，考虑到了劳动者的性别，年龄，职业类别（自主经营者、家族从业者、全日制工作者、零工）等因素，而且在全日制劳动者中又考虑了学历差异的因素，将从业者划分为128种类别。

在每个类别中，可以测算出该类别从业者的劳动投入量和作为劳动生产率指标的时薪数据。这应该可以反映出每个类别的从业者相应的劳动质量差异。

因为每个类别的从业者的劳动投入量都侧重该类别从业者的时薪和从业者劳动投入量的大小，所以可以得出将劳动质量考虑在内的劳动投入指标。

劳动投入指标中包含劳动质量，所以如果它的增长与一般意义上的劳动投入量增长存在差异的话，则恰恰体现了劳动质量的变化。因此，劳动质量的增长率等于劳动投入指标增长率减去从业者劳动投入量增长率。下面来看一下它的发展变化（图1-2）。

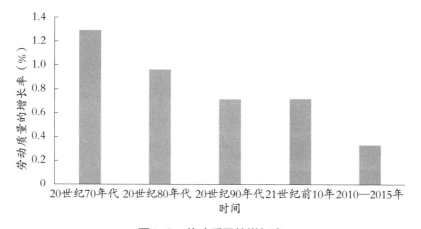

图1-2 劳动质量的增长率

❷ 劳动质量迪维西亚指数的年均增长率。

数据来源：经济产业研究所，数据库。

从图中可以看出因女性、老年人、非正式员工占比上升，所以劳动质量增长率呈下降趋势。2010—2015年的增长率与20世纪90年代、21世纪前10年相比，减少了一半。

实际上，与正式员工相比，非正式员工接受企业培训的机会很少，这一点显而易见。在许多企业中，只有正式员工才能参加企业培训（即Off-JT），企业方也只是把重心放在对刚刚大学毕业入职的正式职员的培训上。非正式雇佣是以短期、短时间劳动为前提的，所以无论是企业方还是从业者都没有提升能力、技能的强烈愿望。

那么，非正式雇佣比例的增长会对劳动生产率带来什么实质上的影响呢？森川正之指出：通过对从企业角度看待非正式雇佣与企业生产率关系的相关国外研究进行调查、整理，发现非正式雇佣对生产率的影响虽暂不明确，但毋庸置疑的是，这对长期技能的培养是没有益处的，但在需求变动大、劳动投入量调整需求高的服务行业，就企业生产率来看倒有可能是积极的影响。

另外，对日本企业数据的相关研究显示：即便各种因素都是可控的，短时间劳动者的比例每上升1%，该企业的劳动生产率就会下降0.4%。由此看来，日本非正式员工的增加有可能大幅降低生产率。

接下来，对于资本投入下滑和全要素生产率增长率低迷的问题，也会在各个章节中一一探讨。

资本增长缓慢的
原因

● 资本增长的变化

本小节探讨一下资本增长的问题。就名义值来看，到20世纪70年代前半期，增长率一直高达10%以上。20世纪80年代前半期也保持在5%左右的增长率，到了80年代后半期的泡沫经济时代，则更上一层楼。泡沫经济之后增长趋势急速下降，进入21世纪则几乎下降到零。

为什么资本增长会日渐迟缓、低迷呢？人们普遍认为这是由于资本增加带来的追加收益（边际生产率）低下造成的。对企业来说，资本的边际生产率不高的话，自然不会有追加资本（即设备投资）的积极性。

资本的边际生产率以柯布–道格拉斯生产函数（固定资本分配率与假定资本分配率）为前提，等于资本分配率×资本平均生产率，在企业收益最大化的情况下则等于每一个单位资本的成本。

直接测算资本边际生产率是很困难的，所以在这里假定以柯布–道格拉斯生产函数为前提，这样我们就可以关注与资本的边际生产率平行的平均生产率[1]了。

　　图1-3显示的是20世纪80年代之后资本平均生产率的波动情况。80年代一直保持在较高水平，但从80年代末到90年代前半期，明显下降。进入21世纪后总体来看呈缓慢上升趋势，但依旧回不到20世纪80年代的水准。因此可见，资本平均生产率与20世纪80代相比是低迷的。

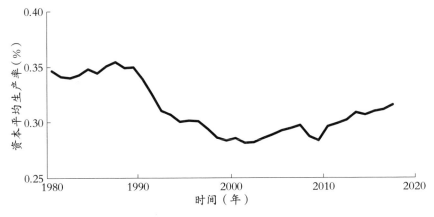

图1-3　资本平均生产率波动

数据来源：内阁府，国民经济核算。

● 资本生产率下降的原因——资本的质量

　　资本生产率下降的原因是什么呢？这不仅仅是与经济规模相比和资本

---

[1]　如上所示，资本边际生产率＝资本分配率 × 资本平均生产率，如果资本分配率是稳定的，那么资本边际生产率和资本平均生产率就呈平行的趋势。

数量相对增加的问题，还需要探讨这部分资本是如何作用于生产的[1]。到目前为止的探讨中，我们默认不同时期的资本储备都是一样的，但接下来我们将着眼于资本的多样性及异质性，也就是着眼于资本的本质内容，来探讨它是如何变化的。

投资的设备、机器随着使用时间的推移会慢慢老化，生产率也会随之发生变化。而且，随着具备新技术的机器出现，原有的旧机器会慢慢被淘汰，最终报废。因此，在某一特定时期的资本储备中，根据资本投入时期的不同，资本的老化程度也各有差异。对于整体的资本储备量，如果包括更新投资在内的设备投入水平比较低的话，那么资本的平均使用年限则会上升。

资本的使用年限急速或持续上升的同时资本又在不断老化，这自然会导致生产率低下。在测算日本设备、机器等资本使用年限的研究中显示，资本的使用年限呈徐徐上升态势。图1-4显示的是基于不同年份的资本增量信息计算出的制造业有形固定资产的使用年限的变化。

可以看出，20世纪70年代至80年代中期，资本平均使用年限上升了5年左右。这表明目前依旧在使用经济高速增长期投资的设备，整体的使用年限都比较高。到90年代前后出现下降趋势，到2005年前后，使用年限每年上升约0.5年。

---

[1]　在生产结构没有变化的情况下，随着资本的相对量（相对于生产量的资本储备量，也就是资本系数）的增加，资本的边际生产率是递减的。一直以来，在经济稳定发展的发达国家，如果资本储备充分，资本系数并不增长。但是，与欧美国家不同，这一法则在日本并不适用。根据深尾京司的研究，20世纪90年代日本市场经济的名义资本系数是20%，实际资本系数已达25%，与生产扩大相比，资本储备先行完成。可以说这就是导致资本边际生产率低下的原因。但是在生产结构无变化的前提下，资本的增加是否会促进劳动节约型的生产结构及效率的进步，与是否关系到资本边际生产率低下则不同。

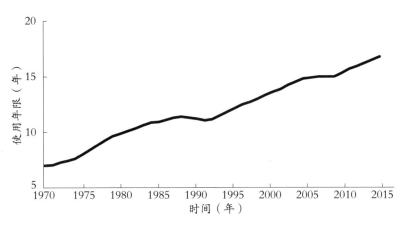

图1-4　资本平均使用年限的变化（制造业）

❸ 在昭和45年（1970年）的国民资本调查中，制造业的有形固定资产的平均使用年限起点为7年，由下列公式得出。

$$V_i^t = \left[\left(V_i^{t-1} + 1 \right)\left(K_i^t - I_i^t \right) + 0.5 I_i^t \right] / K_i^t$$

V_i^t：t期i财的使用年限；K_i^t：t期的资本i的储备量；I_i^t：t期资本i的设备投资

数据来源：内阁府，民间企业资本总量；经济企划厅，昭和45年国民资产调查。

整体来说，1970年以后的资本平均使用年限一直呈上升趋势，在全国范围内都切切实实存在着设备老化的问题。

如上所述，作为资本的质量体现，笔者首先关注了资本的老化、报废问题，而经济产业研究所数据库提供了更加全面的、能够体现资本质量的数据。

基于最简单的想法，即便是考虑某一产业的资本总量，作为其构成要素的各资产的边际生产率也是不同的。

首先，如果每种资产的边际生产率和资本成本是对等的，那么各资产的资本回报价值=资本成本×各资产额，由此就可以得出每种资产的实际生产投入额。在此基础上，可以计算出每种资产的资本投入额在总资产投入额中的占比。如此一来，就可以计算出加入了各种资产的不同边际生产率的总资本投入额。这作为包含了资本质量在内的各产业的资本总量，被定义为资本投入回报指数，用于测算。

如果能够进行兼顾质量的资本总量测算，那么就像之前探讨的劳动质量一样，能够从中提取出资本的质量部分。具体来说，资本质量指数增长率=资本投入回报指数增长率−资本总量增长率。

下面来看一下资本质量的发展变化。从图1-5可以看到：在持续大规模设备投资的20世纪70年代，资本质量是呈下降趋势的，到20世纪80年代提升到1%以上，但至20世纪90年代后则一直停留在零左右。由此可见，与20世纪80年代相比，20世纪90年代经济增长率下降的原因之一便是资本质量回报率下降。

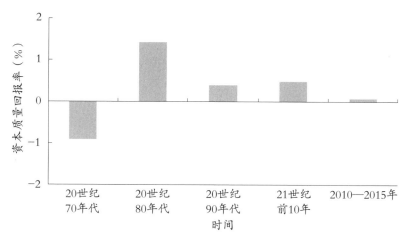

图1-5　资本质量的变化

注　资本质量迪维西亚指数的年均增长率。

数据来源：经济产业研究所，经济产业研究所数据库。

● 低迷不振的信息化投资

从资本的多样性、质量下降导致资本增长率贡献低下这一角度来看，应该着眼于信息化资本（信息通信器材及相应的配置软件）的作用。特别是曾出现这样的批评声音：日本在20世纪90年代后所有的产业整体上都没有广泛信息化，所以才导致生产率低下。

在信息化进程中，很容易发现仅靠长久以来对模拟型机器和建筑的设备投资是无法充分发挥生产价值的。众所周知，许多计算机程序既可以调控生产设备，也可以运行大型成套的生产设备，汽车也采用了先进的数控技术。

就算在日本，20世纪90年代后半期也开始逐步使用个人终端，信息通信设备及其应用日渐重要起来。信息化资本的投资逐渐得到推进，到90年代后半期开始一路走高，软件投资则是以5%左右的速度逐年提高。总之，信息化投资在20世纪90年代初期不足20兆日元，后来超过40兆日元，并且占有形固定资产的20%左右，但此后并未保持持续增长的势头。

大家普遍认为生产率停滞不前的原因之一，就是产业的整体信息化发展停滞不前，而且只有少数产业能够借此提高收益率。日本经济研究中心报告显示，20世纪90年代以后只有一部分制造业的信息化进程是向前发展的，而以服务业为主的非制造业则没有任何进展。这就是宏观经济整体信息化发展滞后的主要原因。

例如批发零售业，该行业在美国的软件配置率非常高，但是在日本截然相反。除了信息通信业、金融业等一部分行业，其他行业的信息化发展基本上停滞不前。这是因为只有一部分行业能够借此提高生产率，但效果也并不显著。

自20世纪90年代后半期开始，美国的许多行业资本收益率很高，大家普遍认为这是因为美国社会整体的信息化资本都很高。就此而言，日本不仅是只有部分行业实现了信息化，而且企业也没有配合信息通信技术的发展进行相应的结构重组。因此，可以说日本没有感受到信息化对整体宏观经济的积极效果。

20世纪90年代后半期，国外信息技术产业投资兴盛。下面来看一下自那时起，每10年的日本信息化资本（信息通信设备及软件）设备情况，如图1-6。除去本来就需要设备率高的相关行业——信息通信业以及2010年后信息通信投资发达的金融、保险行业，其他行业的信息化资本设备率都不高。由此可以明确得知，信息通信设备并未在所有行业中得到普及。

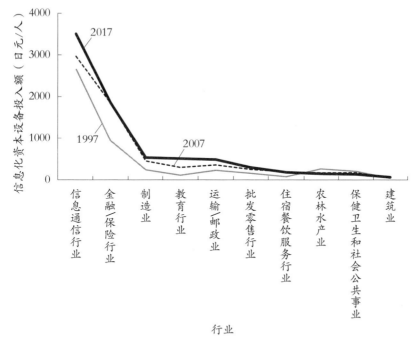

图1-6　信息化资本设备情况

📖 以上的信息化资本是指信息通信设备及软件的总额（实际）。

数据来源：内阁府，固定资产图示。

特别是住宿餐饮、保健相关的服务行业，都属于信息通信设备及软件完全停滞不前的典型行业。如果看每个行业单位劳动投入量的从业者报酬的年平均增长率，可以发现在信息化资本设备率低的保健卫生、住宿餐饮服务业领域，从业者的时薪要低于其他行业。

这些行业虽然处在需求持续升高的时期，但使用的是廉价劳动力，他们依靠的不是信息化、机械化，而是提供劳动集约型服务的方针政策。

全要素生产率增长
放缓的原因

日本的全要素生产率增长为何放缓？有三大可能性。

第一，之前生产率高的企业生产率直线下降，有可能引起整体经济的生产率下滑；第二，涉猎范围广的行业、企业生产率低，有可能影响到相关联的行业；第三，经济结构变化的影响，即增长率低的行业、企业市场占有率高，而增长率高的行业、企业市场占有率低。

深尾京司指出：曾在20世纪80年代以高生产率闻名的行业如今的全要素生产率增长迟缓，这导致宏观经济整体的全要素生产率增长低迷停滞，而且波及其关联的钢铁、汽车零部件、配件、纤维制品、有机化学产品等，甚至影响到汽车车体等的海外生产基地的进一步扩大，这些应该都属于上面说到的前两个可能性。

而且，大家也普遍认为，以上两点导致高增长率的企业都流向了海外，国内残存的企业则在低生产率上裹足不前，最终导致国内的生产率整体低迷。换言之，可以说这三大因素不断叠加，最终成为从宏观角度来看的全要素生产率增长率下滑的罪魁祸首。

为确认以上研究路径，下面利用2010—2015年不同产业的数据来分析一下各产业全要素生产率增长率的变化和产业结构变化带来的影响。

● 不同产业全要素生产率增长率的变化趋势

首先，我们粗略地分别从制造业和非制造业两大门类来看一下全要素生产率增长率的变化趋势。图1-7显示的是从20世纪70年代开始每10年为一个区间的全要素生产率增长率。可以看出，20世纪80年代与20世纪90年代相较而言，制造业的全要素生产率增长率突然下滑，2000年以后基本上保持在1%左右。

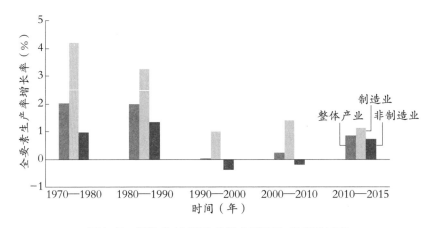

图1-7 制造业/非制造业的全要素生产率增长率

ⓘ 在市场经济（不包括医疗、公立教育）部分，非制造业不包括住宅及分类不明确的产业。整体产业包括制造业和非制造业（除市场经济部分、住宅、分类不明确的产业外）。

数据来源：经济产业研究所，经济产业研究所数据库。

另外，原本就比制造业全要素生产率增长率低的非制造业在20世纪90年代、21世纪前10年更是出现了负增长现象。

由此可知，整个市场经济的全要素生产率增长率在20世纪90年代后都是非常低迷的。

下面再来介绍一下非制造业内分类的情况。按照20世纪80年代全要素生产率增长率数值将制造业、非制造业的主要行业依次排序，同时与21世纪后的全要素生产率增长率进行比较。20世纪80年代保持全要素生产率高增长率的分别是：制造业中的化学、电气/精密器械、运输机械等行业，非制造业中的金融、保险、批发、通信等行业。

进入21世纪，以上行业的全要素生产率增长率变得泾渭分明。制造业中，金属、化学行业变成负增长，电气/精密器械行业的全要素生产率增长率与20世纪80年代相比基本没变。

在非制造业中，即便是全要素生产率增长率较高的行业，与制造业相比也属于低的。进入21世纪，许多行业甚至出现了负增长。因此导致了非制造业整体全要素生产率增长率下降。生产增长率明显超过20世纪80年代的是住宿餐饮、信息服务行业等。

● 产业结构比的变化

在许多产业全要素生产率增长率放缓的形势下，产业所占比重的大小对整体经济的影响也是不同的。

例如，不同产业的全要素生产率增长率是一样的，如果全要素生产率增长率高的产业占比大的话，那么经济的整体全要素生产率增长率是呈上升态势的。但如果全要素生产率增长率高的产业占比小的话，那么经济的整体全要素生产率增长率呈下降趋势。

以下分析各产业内部的全要素生产率变化和产业结构比变化两方面的影响力。

图1-8是效仿深尾京司和宫川努的方法，尝试将所有产业的附加值全要素生产率增长率（即图1-7中的整体产业以及制造业、非制造业各个年代的

全要素生产率增长率之差）划分为各个产业的全要素生产率增长率变化和附加值占比变化两方面。可以通过各产业全要素生产率增长率低下这一现象较全面地说明产业整体附加值全要素生产率增长率的变化规律。

　　将20世纪70年代和20世纪80年代进行对比，可以看出整体的全要素生产率增长率基本没有波动，其中制造业的全要素生产率增长率很低，而非制造业很高。

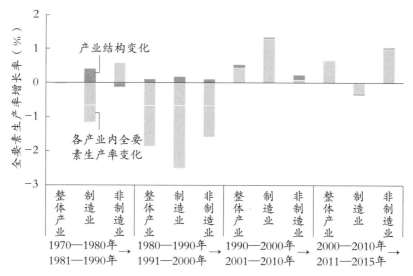

图1-8　全要素生产率增长率变化原因详解

🔴 在此，将20世纪80年代和90年代的经济（包括整体制造业和非制造业）附加值全要素生产率增长率的变化进行如下分解。

$$\sum_i w_{90,00,i} \Delta A_{90,00,i} - \sum_i w_{80,90,i} \Delta A_{80,90,i}$$
$$= \frac{1}{2} \sum_i (w_{90,00,i} + w_{i,80s})(\Delta A_{90,00,i} - \Delta A_{i,80s}) + \frac{1}{2} \sum_i (w_{90,00,i} - w_{i,80s})(\Delta A_{90,00,i} + \Delta A_{i,80s})$$

$w_{90,00,i}$指1990年和2000年产业 i 在整体产业（制造业及非制造业）的附加价值中所占的比例的平均值，$\Delta A_{90,00,i}$指在产业 i 的生产基础上测算出的1990—2000年的全要素生产率平均增长率。20世纪90年代的产业第2段第1项算的是产业内全要素生产率增长率变化的影响，第2项测算的是产业附加价值占比变化的影响。

数据来源：经济产业研究所，经济产业研究所数据库。

制造业中，各行业的全要素生产率增长率下降导致的负增长，已经超出产业结构调整产生的影响。非制造业则截然相反，各行业的全要素生产率增长率上行促进了整体产业的全要素生产率增长率上升，但内部的结构调整又导致了增长率下降。

20世纪80年代到20世纪90年代，无论制造业还是非制造业，全要素生产率增长率都呈下行趋势。进入21世纪，制造业中各行业的全要素生产率增长率大幅提升，促使该产业整体全要素生产率增长率上升。同一时期，在非制造业中，整体产业结构的调整和各个行业的全要素生产率增长率变化对该产业全要素生产率增长率的影响各占一半。到2010年后，全要素生产率增长率基本由各行业的增长率变化决定，制造业呈现负增长，非制造业则呈正增长态势。

说到产业结构占比变化产生的负面影响，可以列举20世纪70年代到20世纪80年代的非制造业的全要素生产率增长率波动和2000年至2010年的制造业全要素生产率增长率波动。在这些时期，无论制造业还是非制造业，全要素生产率增长率相对低迷的行业占比都在增加，导致整体产业效率越趋不前。

以上介绍了各产业全要素生产率增长率和产业结构调整的影响力。与此同时，通过对企业数据的研究也可以确认哪些企业全要素生产率的变化处于增长态势。

● 立足于企业的全要素生产率变化原因详解（内部效应、再分配效应、扩大 / 减缩效应）

一桥大学深尾京司教授的研究组分别从以下三方面进行了考察，分别是：某企业的事务所、工厂等因生产率提高产生的效益（内部效应）；在企业内部进行结构重组、规模扩大等经营资源调整带来的效益（再分配效应）；扩大生产率高的工厂，关闭生产率低的工厂，由此带来整体生产率的提升（扩大/减缩效应）。

从图1-9可以看出，20世纪80年代制造业全要素生产率增长率的最大推动力是内部效应，但20世纪90年代开始这一效应逐渐减弱，这也最能说明全要素生产率增长率下降的原因。而且，导致内部效应弱化的是中小规模工厂的存在。

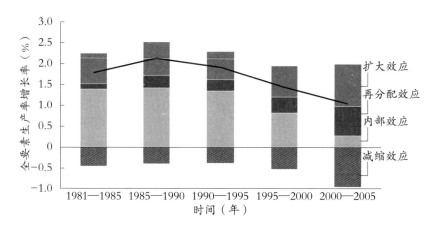

图1-9　制造业全要素生产率增长率原因详解

减缩效应几乎在所有时期都处于负增长，从图中可以看出，21世纪初期达到了峰值。而且，在制造业各产业中，减缩效应都是负值，特别是在电气机械行业、汽车相关行业等这些在东亚扩大生产的行业中，负值的减缩效应影响很大。

通过关闭全要素生产率低的小规模工厂来提升增长率是行之有效的，但是随着生产向海外的转移，少量全要素生产率较高的大规模工厂关闭了国内工厂，这也是不争的事实。就减缩效应而言，后者大大削弱了全要素生产率的增长率，作为结果来看是负面的。

对全要素生产率增长率起到贡献作用的是扩大效应和再分配效应。特别是生产率高的企业的扩大效应，在20世纪80年代后半期和21世纪初期都显示出较强的推动作用。再分配效应的影响力在20世纪90年代至21世纪也逐渐增强。但是，减缩效应对扩大效应和再分配效应有抵消作用，这一点在进入21世纪后，尤为明显。

从资本、劳动、全要素生产率来看经济增长

日本经济增长率自泡沫经济以来持续低迷，作为经济增长走向预测的潜在增长水平急转直下。面对这一现象，使用增长会计法①进行研究后，结果显示是作为生产要素的劳动投入量、资本储存量的减少，包括技术革新、效率化等因素在内的全要素生产率下降导致的。

就劳动投入量而言，劳动时间减少是导致负面效应的最大原因。老年人、女性及非正式从业者人数增加这一现实情况带来的劳动供需关系的变化也是原因之一。就资本方面而言，因资本的产出收益率低，所以企业并不积极投资设备。

而且，从生产率的观点出发，因经济全球化的发展、一些生产率较高的企业具有强烈的向国外探索市场、寻求原材料的倾向，这也明显导致日本国内企业无法提高生产率。

进入2010年后，与20世纪90年代、21世纪初期相比较，经济增长率稍有回升，但此后其增长又再一次受到抑制，究其原因，主要是资本、劳动、全要素生产率三方面都缺少新元素造成的。

---

① 以古典增长理论为基础，将经济增长中要素投入贡献剔除，得到全要素生产率增长的估算值的方法。——编者注

专栏 1　基于增长会计法的全要素生产率、潜在增长率的测算

经济增长的决定性因素是什么呢？首先简单介绍一下增长会计法，然后介绍一下对上述因素增长率贡献的测算及潜在增长率的测算。

所谓的增长会计法，是由索洛提出的计算方法，主要为定量掌握资本、劳动对经济增长的贡献程度。首先，Y代表国内生产总值（GDP）、K代表资本总量、L代表劳动投入量，假设一国的生产总量用柯布-道格拉斯生产函数估算。A是表示技术水平的变数，被称为全要素生产率。α指资本产出份额（劳动产出份额为$1-\alpha$）。[①]

$$Y = AK^{\alpha}L^{1-\alpha}$$

将上列公式进行数学变形[②]，可以用各自的增长率表示出来。

$$\frac{\Delta Y}{Y} = \frac{\Delta A}{A} + \alpha \times \frac{\Delta K}{K} + (1-\alpha) \times \frac{\Delta L}{L}$$

即国内生产总值增长率=全要素生产率增长率+资本产出份额×资本总量增长率+劳动产出份额×劳动投入量增长率

实际测算全要素生产率是很困难的，所以它的增长率是从上述公式中逆推得出的。换言之，就是从下面这个公式得出的。全要素生产率增长率是由所谓的"残差"度量的，所以也被称作"索洛残差"。

全要素生产率增长率=国内生产总值增长率−资本产出份额×资本总量增长率−劳动产出份额×劳动投入量增长率

这样一看，就能够将影响实际国民生产总值的增长率的主要因素分解为全

---

① 在柯布－道格拉斯生产函数中，为解决利润最大化问题，α可以表示资本产出份额。
② 取两边的自然对数，微分即可得出。

要素生产率的贡献（=全要素生产率增长率）、资本的贡献（=资本产出份额×资本总量增长率）、劳动投入量的贡献（=劳动产出份额×劳动投入量增长率）三个方面。实际测算时，无论哪个时期，资本产出份额（劳动产出份额）多为固定数值[1]。

下面我们再来看一下潜在增长率。所谓的潜在增长率，通常是指除去经济变动等因素引起的短期波动，从经济的实际增长率中预测的经济潜力及可以保持中长期发展趋势的增长率。

潜在增长率有多种测算方法。在这里讨论的是增长会计法，所以先介绍一下内阁府使用生产函数的研究路径。

核心问题是如何定义除去短期经济波动的劳动投入量及资本投入量。在内阁府的测算中，注意到不同经济时期的劳动投入量、资本投入量的实际利用情况是不一样的，所以采用了平均实际利用率。首先，如以下公式所示：

劳动投入量=从业者人数×人均劳动时间

=劳动年龄人口×劳动参与率×（1－失业率）×人均劳动时间

潜在劳动投入量就是将利用HP过滤器[2]计算出的经济变动的长期趋势代入到上面公式中提到的失业率（不包括因经济波动引起的结构性失业率）、劳动参与率、人均劳动时间中得出的。

资本投入量=资本总量×平均实际利用率

---

① 关于资本产出份额（劳动产出份额），根据1955年以来的发展，可以看出1980年以后基本稳定在30%—40%。在使用增长会计法（其中也包含潜在增长率的测算）分析1980年以后的经济状况时，以内阁府为代表，也多采用当时的平均值。

② HP过滤器是由霍德里克和普雷斯科特提出的，是从时间序列数据中得出经济变动长期趋势的一般方法。

公式中的"平均实际利用率"中，除去经济因素的那部分利用率（制造业和非制造业分别推算）就是潜在利用率，将其代入，就可以得出潜在资本投入量。全要素生产率则是在柯布-道格拉斯生产函数中代入实际劳动投入量、资本投入量，求残差，再利用HP过滤器求出经济发展的长期趋势。这样的话，潜在国内生产总值就可以通过将利用HP过滤器得出的全要素生产率、潜在劳动投入量、潜在资本投入量代入生产函数中求得。而且，潜在增长率作为潜在国内生产总值的导数是可以求出的。如下所示：

潜在增长率=HP过滤器得出的全要素生产率增长率+（资本产出份额×潜在资本投入量增长率）+（劳动产出份额×潜在劳动投入量增长率）

和国内生产总值实际增长率一样，国内生产总值潜在增长率的影响因素可以分解为劳动投入量、资本投入量、全要素生产率的贡献度三大要素。

专栏 2　日益增长的无形资产的重要性

本章原则上使用柯布-道格拉斯生产函数，采用增长会计法，进行经济增长分析。其中，资本、劳动用相应的投入量来表示，其他可以量化的部分则全部作为技术革新的成果、全要素生产率的增减来进行说明。

但是，就像到目前为止可以看到的，仅靠有形资产、单纯的劳动投入量无法说明资本及劳动的多样性，所以如何把握劳动及资本的质量就成为重要的研究课题。因此，劳动及资本的质量作为和有形资产、劳动不同的投入要素，其一直以来被忽视的潜力值得挖掘。从这层意义出发，近年来备受关注的课题是无形资产。

古典生产函数所指的资本（至少在国民经济核算框架的初步推算阶段使用的生产设备等）包括工厂的生产设备、事务所的信息通信设备等器械类设施、汽车等运输设备、工厂及住宅这样的建筑物。

但事实上信息通信设备、生产设备上如果安装了某些信息软件，其效能可能会得到突飞猛进的提高，或者通过对员工的培训积累某种技术资本、进一步推动生产[1]。像机器设备这样具体的资产被称为"有形固定资产"，像技术、研发这样的资产被称为"无形资产"。

关于无形资产的定义及测算方法还在讨论之中。但欧美各国正在按照研究者一致认同的标准进行测算。在日本，类似的计算结果公示在经济产业研究所数据库。

在这些数据库中，将无形资产划分为三类：信息化资产、创新资产、经济竞争力。下面做一简单介绍。

信息化资产：指安装在机器设备及终端的信息软件。最基本的就是从事信息化服务的公司制作的软件（定制款及软件包），企业在开展业务过程中根据需要自主开发的软件。

创新资产：指知识产权及研发成果，还有价值成本及研发成本。

经济竞争力：指品牌价值和企业拥有的特殊人力资源、管理层的价值等，主要通过市场营销广告、人才培训投资、经营者的经营管理能力及附加价值（主要指经营者的薪资等）来评价。

而且，在国民经济核算时，固定资产（及设备投资）的范围包括一部分无

---

[1] 不过也有企业研究显示，如果只是投资基于惯性或成功经验的研发活动及人才培养未必会提升竞争力。

形资产，并且慢慢确定了其计算方法。在采用2008年国民经济核算体系的2016年末的基准修订规定中，固定资产中列入了"知识产权产品"一项。

其中，除早已作为固定资产的一部分计入的计算机软件[①]外，研发费用、矿物勘探费等也被包含在固定资产内，和这些资产相关联的经费[②]被看作设备投资。

这样的话，在经济产业研究所数据库测算的无形资产中，就包括了几乎全部的信息化资产和50%左右的创新资产。还有一些被认定为无形资产，但在国民经济核算时尚未被列入固定资产及设备投资范畴，例如创新资产中的创意及设计等知识产权、包含在经济竞争力中的人才培训等，这些都可以衡量企业的特殊人力资源及企业的发展质量，属于经营状况及品牌力等范围。表1-1是无形资产总量与知识产权产品的数据。

表1-1 无形资产总量与知识产权产品（2012年）

（单位：兆日元）

经济产业研究所数据库		国民经济核算	
无形资产类别	无形资产总量	知识产权产品	无形资产总量
信息化资产	29		25
定制款及软件包		电脑软件系统	
公司自主开发软件			
创新资产	146	—	
科学及工程技术研发		研发	87
矿物勘查		矿物勘查、评价	0.1
著作权及商标权		—	

---

① 从2011年末的修订开始，作为资产（设备投资）被计算在内。

② 从事研发的研究者的报酬及材料费等一直以来是作为阶段性投入的，现在作为设备投资重新计入，被视为最终需求。

续表

经济产业研究所数据库		国民经济核算	
无形资产类别	无形资产总量	知识产权产品	无形资产总量
其他产品开发、设计及研发		—	
经济竞争力资产	16	—	
品牌资产			
企业固有人力资产			
企业组织结构调整			

数据来源：内阁府，固定资产统计数据；经济产业研究所，经济产业研究所数据库。

✎ 专栏3　　信息化资产——数据

在信息化资产的概念中，现在已经不仅限于国民经济核算体系（SNA）统计时纳入的软件程序了，还包括产品数据库及客户数据库。现在正在尝试将此类数据库也作为无形资产进行测算。

测算无形资产既要基于成本核算又要基于市场价值。

成本核算是指获得该资产需支付的费用。比如数据库，包括获得及构建数据的费用、为获得数据需要提供必要的网络环境及问卷调查的费用、输入数据的劳动力费用等，通过这些就可以计算出数据库的成本费用。而市场价值是指该数据库作为商品的价值体现。

一直以来，评估信息化资产中的软件工程的价值时，首先是成本核算，另外还有负责软件工程开发的劳动力及软件包的价值，但现在有人质疑，评估数据库的资产价值时，不应只是核算成本，还应该包括充分利用数据库而衍生出的新产品及服务等，这都应该被赋予相应的价值。

在此情形下，谷歌（Google）、苹果（Apple）、元宇宙（Meta）[①]、亚马逊（Amazon）等企业通过提供多样化的平台，成功收集企业及个人数据，并且充分发挥数据的作用。此类企业增加了一项业务——整理、分析收集到的数据，从中找出客户需求，以便提供新的服务。企业的这项业务其实就是体现了数据的增值价值的。如果仅仅用成本核算把数据库的作用表现出来，显然是大大低估了其价值。

过去，每个企业都是通过销售活动及调查问卷等获取顾客信息及产品信息的，而且将收集的数据建构成数据库也是相当耗费人力的。

但现在像移动信息终端、GPS等技术都很发达，云端服务也得到广泛使用，所以到处皆有数据，皆可收集和积累数据。而且，随着计算机终端技术的不断进步，它已经可以解析出视频、音频这样更加多样化、大容量的数据了。将数据整合，通过机器识别等技术，找出其关联性、因果关系等，可以顺藤摸瓜发现其需求。和过去相比，可以说现在已经能够以更低的成本完成高度精密的信息收集、分析工作。

换言之，数据库、数字信息以前大致上以付出的人力为附加价值得以体现，那时或许没有人对此提出质疑，但实际上它衍生出的价值要高于付出的人力。人们认为，由信息化资产带来的输出成果应该作为资产价值计入，这一点很重要。

现在，针对许多国家普遍使用的无形资产测算的基础性研究，数据库的资产价值是用制作成本（人工费、原材料费）来测算的，如果这样测算，那信息

---

① 原脸书（Facebook），2021 年 10 月 28 日改为现名。——编者注

化资产的价值根本不及软件工程的1%。

信息化资产给经济带来的巨大影响渐渐明了。这种影响主要可以分为以下三个阶段：商品数据、信息和相关知识构筑阶段；数据分析、知识产权形成阶段；产品开发、实操阶段。根据英国的研究，测算到第二阶段，其价值就能够提升到现在测算的软件工程的三分之一左右。

而且，有学者也在探讨企业拥有的数据信息的价值，并意识到信息价值链的存在，开始尝试测算每个企业的组织资本。亚马逊的信息资本价值约是年费收益（2017年是420亿美元）的3倍。今后，如果在信息价值链下衍生出来的商品、服务更加多元化的话，那么可以期待它创造出更大的价值。

第 2 章

巨变后日本经济部门间的均衡关系

第 1 章从经济增长的角度回顾了日本经济的发展,探索了其发展迟缓的原因。第 2 章将日本经济分为国内家庭、企业、政府和国际四大部门,立足于各部分的储蓄 / 投资平衡关系(国际部门是指经常项目收支),以不同于第 1 章的视角继续探讨日本宏观经济的变化发展。

特别是泡沫经济崩溃后,日本经济的特点之一是企业(非金融法人企业)成为资金剩余主体,并且这种状况延续了近 20 年。企业部门盈余并非日本独有的现象,但持续时间如此之久是日本的显著特征。

本章首先介绍 20 世纪 80 年代后部门间储蓄投资均衡的变化,其次,通过与其他国家的比较,明确日本经济 IS 均衡[①]关系的特征。最后,整理、探讨作为日本经济特征的企业部门持续储蓄过剩和家庭部门储蓄减少问题以及原因。

---

① IS 均衡表示投资 = 储蓄。——编者注

部门间 IS 均衡关系的变化

● 部门间 IS 均衡关系的特征与变化 [1]

　　部门间IS均衡关系来自宏观经济学的恒等式，理论上，国内家庭、企业及政府的储蓄投资差额的差要与三者和国际部门的资金收支一致，和经常项目收支相等（即各部门的资金盈亏整体上是一致的）。这是恒等式，不表示因果关系，但是可以从中了解一个国家的家庭、企业等经济主体是否存在资金盈亏问题，从经常项目收支的扩大、缩减现象中注意到IS均衡关系。

　　从图2-1中可以看出各部门间IS均衡关系自20世纪80年代后一直处于变动的态势。20世纪80年代前半期，家庭将收入减去消费部分后的所剩余额存起来，储蓄盈余（资金过剩）占国内生产总值比例达10%左右。但企业为进行必要的生产活动需要投资设备，从国内生产总值占比来看，

---

[1]　在经济统计中，经常项目收支指国家民间部门的纯储蓄（储蓄盈余）与财政收支之和，作为恒等式，因此下列关系均成立。民间部门的储蓄盈余＋政府部门的储蓄盈余＝经常收支盈余。每个变量都是由独立的经济主体及它们的相互关系决定的，如果着眼于主要的变量——家庭部门的消费与储蓄，假设因少子化带来长期的储蓄率低下的话，那么国内的 IS 均衡（储蓄盈余）就会减少，长此以往，经常项目收支的盈余则会减少。

是-5%左右，属于投资过度（资金不足）的主体。经常项目收支盈余比企业的投资程度略好。政府部门的赤字（资金不足）则呈现缓缓增长的形势，国内生产总值占比虽超过3%，但政府当时的目标依旧是减小财政赤字。

到20世纪80年代后半期，企业部门的投资过度情况愈发严重，但政府部门通过抑制支出和增加税收转为盈余状态（储蓄盈余）。家庭的储蓄盈余状态在泡沫经济时期虽多少有些下滑，但基本保持在10%左右。

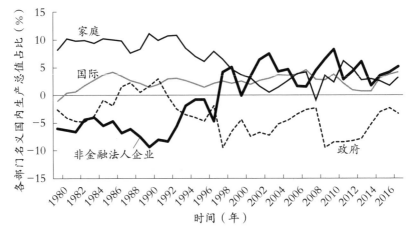

图2-1　部门间IS均衡关系的发展变化

数据来源：内阁府，国民经济核算。

● 作为资金剩余主体的企业和家庭部门储蓄减缩

泡沫经济崩溃之后，可以看到上述关系发生了一些变化。首先是家庭部门，20世纪90年代储蓄盈余（资金过剩）逐渐减缩，但21世纪初期不再继续下滑，此后虽有波动但基本保持在3%左右的盈余。

企业部门在泡沫经济崩溃后的90年代大幅减少投资过度现象（资金不

足），到1998年转为储蓄盈余。这与当时的不良债权有关，金融机构开始压缩面向企业的贷款，与投资设备相比，企业优先考虑偿还债务。

此后，企业部门一直保持了20年的资金盈余状态。从经济周期的角度仔细分析的话，则会发现，在2002年之后的经济复苏时期，企业部门开始慢慢重新投资设备，资金剩余现象逐渐减弱。在渡过了通货紧缩的2006年，资金盈余保持在1.6%左右。受2008年世界金融危机影响资金盈余再次上升，此后虽有下滑，但近些年来即便有所波动也一直保持在4%左右。

一般政府部门在泡沫经济崩溃之后转向投资过剩（资金不足、财政赤字），而且此后赤字一再扩大，主要是因为经济低迷，再加上需要不断运作财政来调控经济。到21世纪初期，由于抑制财政支出、经济复苏等因素，赤字幅度减小。世界金融危机时赤字虽然再次扩大，但此后一直呈缩小态势。在此期间，国际部门一直保持经常项目收支盈余状态，2012—2014年，因贸易收支出现赤字，盈余大大缩减，但与其他三个部门相比，一直处于相对稳定的状态。

以上情况意味着：泡沫经济崩溃之后家庭部门的储蓄盈余并没有被灵活运用于国内的设备投资，而是用于政府部门的过剩投资及海外投资等方面。不过可以看出，在对外金融债权、债务中获得利息、红利（也包括国外子公司的分红等直接投资收益）这样的"第一次所得收入"呈上升趋势。2005年，所得收支盈余已经超过贸易、服务业收支盈余，所得收支渐渐成为日本经常项目收支盈余的中流砥柱。

● 泡沫经济崩溃后 IS 均衡关系的显著特征

在这里主要说明泡沫经济崩溃之后的两点显著特征。

第一，企业部门的储蓄盈余状况自20世纪90年代末起在日本持续了20年。

一般来说，企业部门应该是投资过剩主体，因为需要借入资金投资设备来保证生产活动。不过企业的投资及收益会受经济形势波动的影响，所以短期内出现储蓄盈余状况也不稀奇，如后文提到的因互联网泡沫崩溃、2008年世界金融危机等的冲击，日本经济走向低迷。企业根据现实经济形势压缩投资的情况并不仅限于日本。但是在发达国家中持续20年都保持企业资金盈余状态的唯有日本。

第二，就家庭部门来看，到1993年为止国内生产总值占比一直保持在10%左右，但是泡沫经济崩溃后，特别是20世纪90年代，似乎为了呼应企业部门投资过剩减弱的态势，家庭储蓄盈余的状况也慢慢缩减。在这一时期，只有政府部门的投资过剩状况在扩大。到21世纪，家庭储蓄盈余的下行趋势渐弱，到21世纪前半期基本停止，从中期开始，虽有波动但平均保持在国内生产总值占比3%的水平。

日本与主要发达国家的
不同之处

在全世界范围内，部门间IS均衡关系及企业部门的资金过剩问题至少在21世纪后的两个时期得到了特别关注。

首先是21世纪初期。当时美国的经常项目收支赤字达到前所未有的水平，全世界的经常项目收支不均衡现象愈加严峻，新兴国家和地区中越来越多的国家、地区由投资过剩转向储蓄过剩（经常项目收支盈余），这一现象使决策机关成为解决问题的关键。

在2008年世界金融危机后，这一问题再度备受关注。以美国为首的多个发达国家，其企业部门转向了储蓄盈余（资金过剩）阶段。在本节当中，笔者将就企业部门的状况以美、德、英、法及澳大利亚作为参照，与日本进行比较，找到异同点。

先说结论，企业部门储蓄过剩的现象在各个国家都有，世界金融危机后的影响尤其大。随着时间推移，这种现象渐趋稳定，虽然目前各国依旧存在差异，但持续20年之久的只有日本。

● 世界金融危机后企业部门的变化

首先，截至20世纪80年代末，美国企业一直处于投资过剩的状态，但自21世纪初期的互联网泡沫经济崩溃后，投资过剩幅度减弱，接近零值，甚至最后演变成为储蓄过剩的状态（图2-2）。此后，2006年转向投资过

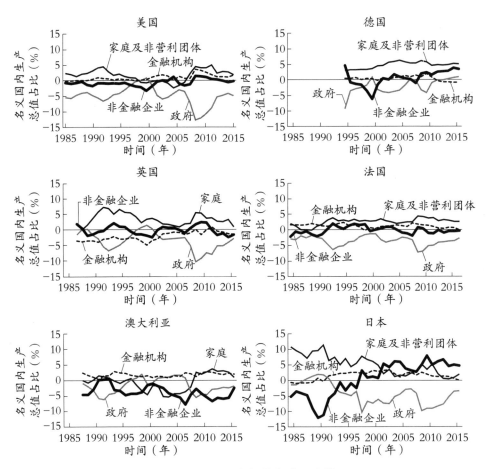

图2-2 各国不同部门的资金盈余状况

数据来源：经济合作与发展组织，国民会计。

剩，但在世界金融危机后约5年的时间里一直处于储蓄过剩状态。2014年之后接近零。

英国比美国的波动大，20世纪90年代前半期也出现过储蓄过剩的情况，世界金融危机后也同样转向储蓄过剩，但2011年以后英国再次回落到投资过剩状态。法国也是在信息技术泡沫崩溃后及世界金融危机后出现过储蓄过剩的时期，但之后还是转向投资过剩。即便在澳大利亚，20世纪90年代也有过储蓄过剩时期，但进入21世纪后一直是投资过剩状态。

不过，德国的企业部门呈现出与其他国家不同的趋势。20世纪90年代后半期是投资过剩，但2001年储蓄过剩后一直保持不变。特别是世界金融危机后，储蓄过剩还呈现明显的增长趋势。虽然增长趋势不如日本，但在规模和时间上，储蓄过剩态势和日本是最相近的。

● 家庭部门储蓄过剩

家庭部门作为一国国内民间部门的一个经济主体，在许多国家中都是储蓄主体（资金过剩）。但不同的国家，其波动及发展趋势存在一定差别。

比如美国，在20世纪90年代经济态势良好期间，家庭部门的储蓄过剩状况有所缓解，进入21世纪，因住宅价格上涨引发的消费过热现象，依靠的是贷款支撑，转而进入赤字时期（资金不足/投资过剩）。但世界金融危机后再次慢慢回归到盈余状态（资金盈余/储蓄过剩）。英国没有出现家庭部门赤字现象，但是20世纪90年代至21世纪初期的储蓄过剩趋势减弱、世界金融危机后再次增强，这一特征和美国极其相似。

不过，即便在20世纪90年代至21世纪初期，德国的储蓄过剩现象依旧呈稍稍上升态势，世界金融危机后基本保持在横向波动。可以看出，德国的企业部门动向虽与日本有相似之处，但家庭部门却与日本不同。法国也是储蓄过剩，90年代后波动缓慢。澳大利亚在世界金融危机后呈储蓄过剩状态。

● 政府部门及国际部门的经常项目收支的特征

政府部门在许多国家都是赤字主体（资金不足）。20世纪90年代时，美国赤字缩小，但进入21世纪后再次变为赤字常态，只是从世界金融危机引发的大幅增长转变为减弱态势。英国和美国变化趋势相似。

作为欧盟成员国，财政政策严苛的德国、法国，政府财政赤字相较于美国和英国波动较小。世界金融危机后，德国的政府财政赤字曾一度扩大，但2011年后基本保持均衡发展，最后财政呈盈余状态。法国也因金融危机爆发而导致政府财政恶化，但法国一直致力于减小赤字。

澳大利亚经济状况保持向好，从20世纪90年代末开始一直都是财政盈余状态，但金融危机时也和其他发达国家一样，财政状况极度恶化，此后一直致力于财政健全化。

关于国际部门，经常项目收支等于国内三大部门资金盈亏的总和（国内三大部门如果是资金盈余/储蓄过剩，那么经常项目收支就是盈余状态）。美国曾经有过被称为"孪生赤字"——长期保持在政府赤字和经常项目收支赤字状态的时期。英国在2000年后也是赤字不断扩大，可以说是和美国一样的"孪生赤字"状态。

换言之，英美两国在世界金融危机后，国内民间部门显然呈储蓄过剩倾向，但财政赤字超过了其储蓄盈余，经常项目收支也就呈现赤字状态。不过美国在此期间经常项目收支赤字缩小，基本稳定在2%左右，但英国的该项赤字则呈扩大态势。

法国在20世纪90年代后半期到21世纪初期经常项目收支是盈余状态，但世界金融危机后也多多少少出现了赤字现象，和国内民间部门、政府部门的盈亏持平。

另外，德国的经常项目收支进入21世纪后处于盈余状态，而且在世界金融危机后还曾大幅提升。这与金融危机后德国的家庭、企业、政府三大部门都是财政盈余状态是相对应的。日本的企业储蓄盈余与德国相似，家庭部门亦是如此，但政府部门出现严重赤字，所以日本的经常项目收支没有德国那样的盈余程度。

企业部门持续储蓄过剩
和家庭部门储蓄缩减的原因

● 日本企业部门储蓄过剩的独特原因

企业部门的储蓄过剩现象，即便是在21世纪初期的信息技术泡沫破灭后，在主要的发达国家中也曾出现，美国为此在较早时期还做过积极调整。围绕世界经济不均衡现象进行的研究指出，非金融法人企业之所以成为资金盈余的主体，是因为经济周期、税收及利息减少、生产资料价格下落等。

如前所述，世界金融危机后许多发达国家出现了企业部门成为资金盈余主体的现象，而且该现象在德国还经久不衰。在这种形势下，就连国外的研究者、决策机关近年来也开始再次关注起世界金融危机后企业储蓄过剩的问题。

约瑟夫·格鲁伯（Joseph Grube）、史蒂文·卡明（Steven Kamin）立足于世界金融危机后主要发达国家的非金融企业部门成为资金过剩主体这一现象，分析指出企业投资减少的三个原因。第一，因世界金融危机后经济衰退引起的压缩投资；第二，为治理金融混乱状况（改善资产负债表），有可能会鼓励增加储蓄、减少投资（企业谨慎投资假说）；第三，除以上两点外的其他原因［应对不确定因素、劳伦斯·萨默斯（Lawrence Summers）

的长期停滞理论等] [1]。

关于第一个原因，他们使用加速度原理模型，利用经济合作与发展组织各国的时序和截面数据推定设备投资情况，结果显示世界金融危机后各国的设备投资与之前相比都稍有下跌趋势，但基本上可以通过国内生产总值、红利、收益等显示一国经济状态的基本指标（周期性经济因素）来说明。

这意味着，如果经济复苏，投资也会恢复，企业部门的储蓄过剩现象也会出现反转。只是根据他们的结论，部分国家（德国、日本等）的投资低迷现象已经超出了模型可以推定的范围，这一点确实值得注意。

另外，关于第二个原因，分析设备投资是否影响到公司股价及分红，结果显示世界金融危机后的公司股价及分红有上升趋势，但如果只看各国的散点图，是看不出两者之间有关联性的，所以该假说是不成立的。

至于其他原因，陈彼得等研究者指出：作为企业部门的结构性变化，因生产资料价格下落及利息降低，劳动被资本代替，全世界范围内出现劳动分配率低下现象，同时也导致了企业储蓄的增加。进一步来说，（也有税收制度的影响）企业不是通过分红而是通过公司股价这种投机行为来增加企业储蓄，这也是原因之一。

日本从20世纪90年代末开始，企业部门一直处于储蓄过剩状态，仅靠经济的周期性已经难以解释。即便是用格鲁伯、卡明的投资函数，结论也显示日本在世界金融危机后的设备投资水平低于其他国家。同时，有研究

---

[1]　格鲁伯、卡明将经济合作与发展组织加盟国企业部门 1995 年以后的大致储蓄和投资（各自的国内生产总值占比）划分为 3 个时期（1995—2001 年、2002—2008 年、2009—2014 年）加以区分比较。从 1995—2001 年的平均值来看，26 国中有 16 国，2002—2008 年有 14 国投资过剩，但在世界金融危机后的 2008—2014 年投资过剩的国家减少到 7 国。

指出，劳动分配率低下也不适用于解释日本的经济状况。

中村纯一指出，通过单独的法人企业统计调查来分析1996年以后企业资金过剩现象发现，中小企业主要因为资金受限而减少了投资，还有因企业统筹产生的过度储蓄，以及大型企业为将来的投资机会而准备了大量现金存款准备金，无论哪一种，企业都是在考虑企业并购及海外直接投资，并没有打算在国内进行设备投资[①]。

福田慎一着眼于企业资金过剩扩大的同时现金存款（利率近零的流动资金）持有率会上升这一点，指出企业一边考虑切实可行的外部借贷有多种局限，一边依旧构筑能够确保投资设备时所需的流动性资金的模式，以备使将来预期生产率上升。另外，福田还根据法人企业统计中的产业类别、规模大小及独立企业的事例研究法进行了实证考察。

根据福田慎一的研究，现金存款持有率（现金存款余额除以总资产）在中小中坚企业中呈上升趋势，可能主要是因为20世纪90年代末日本金融危机及2008年世界金融危机时，它们面临的贷款受限问题比大企业更加严峻（流动性资金持有率高这一倾向是以备不时之需）。

以上分析提供了多种不同的全新角度，但是在企业的投资、储蓄方面，包括经济的周期性原因在内的分析依旧有限，不够全面。

● 日本家庭部门储蓄过剩状况缩减的原因

另一个方面，在泡沫经济崩溃后的20世纪90年代，日本的家庭部门储

---

① 道和麦吉（Dao and Maggi）充分利用了七国集团（G7）各国的宏观数据和企业数据进行了分析，发现企业储蓄过剩主要是企业为了确保企业并购及研发投资而准备的资金。可以说中村的结论与这一分析完全契合。

蓄过剩幅度缩小，但在同时期这一现象并不仅发生在日本，美国、英国等其他国家也是同样的情况。但英美通过下调利息推动了资产价格上升，同时通过借贷刺激消费，在世界金融危机后储蓄过剩现象增加，此后也没有出现明显的下滑趋势。

而日本在20世纪90年代泡沫经济崩溃之后，收入及消费都是递减的，储蓄率呈下行趋势的原因和英美并不相同。

对于日本长时期家庭储蓄率低下的问题，在第6章中会进一步详细探讨。此前一直认为老龄化是主要原因。在日本，"消费周期=固定收入"假说大抵是通过实证验证成立的，老龄化导致日本的家庭储蓄率下降这一说法本身没有错误，但是影响程度有多少，目前并无明确结论。

针对日本老龄化问题的发展历程（图2-3），可以看出从20世纪70年代中期到21世纪初期家庭储蓄率是呈下降态势的。2005年以后，下行趋势就不是那么明显了，以此来看，自然可以知晓除老龄化的因素外还存在其他原因。

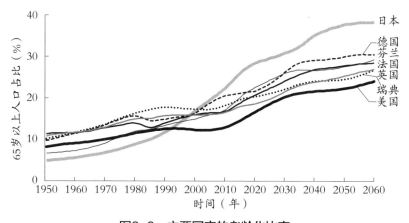

图2-3　主要国家的老龄化比率

数据来源：联合国《世界人口展望2019》。

企业储蓄过剩
之谜

企业部门在20世纪90年代末成为储蓄过剩主体，此后这种状况一直持续着。这是日本独有的特征，被当作企业部门之谜留存至今。家庭部门储蓄过剩减缩，但进入21世纪后下降趋势走弱，只用老龄化这一原因已经难以解释。关于企业、家庭的情况，会分别在第5章和第6章进一步探讨。

专栏4　　日美贸易摩擦与 IS 均衡理论

20世纪80年代中期，当时的日本保持着良好的经常项目收支盈余状态，政府经济政策的主题是应对与贸易、财政"孪生赤字"的美国之间的贸易摩擦问题。解决贸易摩擦问题的通常途径是解决个别品类的市场开放、通道改善问题。从IS均衡观点出发看待财政盈余现象，进而解决贸易摩擦问题。

具体来说，在IS均衡中，如果经常项目收支盈余等于国内储蓄过剩，那么政府通常会考虑减少过剩的国内储蓄，经常项目收支盈余也会相应减少。为此，有必要扩大消费、设备投资、公共事业投资等，刺激内需。

政府一直以来都重视扩大内需，在此之前都是为了改善经济低迷状况而进行的必要的经济刺激手段。但以此来解决贸易摩擦问题尚属政府的新思路。

这一思路在当时让原大藏省（现财务省）格外紧张。对于从20世纪80年代前半期开始就致力于推进财政健全化路线的原大藏省而言，他们似乎极力避免为缩小经常项目收支盈余、应对贸易摩擦而投资公共事业。

实际上，笔者之一鹤光太郎在日本经济企划厅制作含国会答辩在内的政府意向书时，使用的"致力于扩大内需"这一措辞遭到当时的大藏省反对，于是全部改为"致力于扩大国内民间需求"。

而且，大藏省要求工作人员如同计算机一样，逐一检查政府文件中是否有"IS均衡"这个词，保证绝无疏漏。笔者（鹤光太郎）记得当时的理由是"IS均衡恒等式不表示因果关系，容易造成误解"，"IS均衡"这个词本身就被要求消失。

当时唯一的例外就是1986年4月中曾根康弘首相促成的私立咨询机构——为实现国际协调的经济构造调整研究会——发表的报告，通称《前川报告》。报告中记载，经常项目收支之所以出现大幅盈余，是因为日本是植根于输出指向型的经济体制，若将其改变为国际协调型经济体制，就必须推动内需主导型的经济增长模式、修正储蓄过剩问题。

可以看出，这正是遵循IS均衡理论、围绕扩大内需展开的讨论。但当时这仅仅是研究会的一份报告，从严格意义上来说，并非是各个行政部门共同审议通过的政府文件。

在1989年开始的"日美结构协议"谈判过程中，基于IS均衡理论的内需扩大问题成为美国主张自我时强有力的理论支撑，最终在1990年决定了《公共投资基本计划》。计划中提到了下水排放设施、城市公园等的完善目标，1991—2000年预计投入430兆日元的公共事业投资总额。

最后，日本政府接受了基于IS均衡理论的扩大内需要求。就日本方面来说，这或许只是时机使然，但大家强烈地感受到《公共投资基本计划》与其说是为了美国，不如说是推动了日本国民的生活迈向了更加富裕的"生活大国"这一目标。

专栏5　关于经常项目收支不均衡的经济学解释

经常项目收支不均衡到底是好是坏？

经常项目收支是以国际金融市场的自由借贷为前提，家庭、企业基于未来考虑的最优储蓄/投资行为的结果（由经常项目收支、资本收支、储蓄均衡三方面同时决定），这属于现代经济学的标准想法[1]。

根据这个动态最优化路径，一个国家在将长期以消费作为主国的效用最大化时，同一时期的储蓄、投资，包括经常项目收支都是需要考虑的。

从这一立场出发，可以认为短期内通过调整经常项目收支使之出现赤字，借此推动消费水平的进一步提高，促进国家福利的进一步优化是可取的。但是不可以放任赤字经久不衰，因为一个国家不能以债务国的命运收尾，赤字是为了将来实现财政盈余。

另外，债权国如果永远都是财政盈余、不断扩大对外净资产的，就永远不会出现赤字，这也不是合理的现象。究其原因，是因为在长期的预算约束中，消费水平只有比目前的水平有所提升，一个国家才可能实现更优质的福利目

---

① 最早进行此项研究的是杰里弗·萨克斯（Jeffrey Sachs）。

标。例如，20世纪80年代的日本，如果预见未来的急速老龄化会导致储蓄率低下的问题而争取财政盈余的话，那么与这个动态最优化路径正好是吻合的。

但是，这个动态最优化路径也存在问题。"经常项目收支不均衡是各国合理的、最优活动的结果"这一结论应该是基于较小国家的假定。的确如此，如果是较小的国家，即不会对其他国家产生影响，只需要自己来决定自己国家长期性的最优化储蓄、投资、经常项目收支即可。

如果不是小国的话，那世界范围内的经常项目收支不均衡这一制约就会影响很大。换言之，某国的大幅赤字、盈余状况都有可能影响其他国家的储蓄、投资行为。

因此，应该更加现实地去考虑，在每个时期、每个国家的经常项目收支之和为零的这一规则之下，为实现全世界福利最优化，各国的储蓄、投资、经常项目收支应该如何分配。

说到底，储蓄、投资、经常项目收支都是关乎各国未来的最优化行为的结果，为了不给国家的储蓄、投资行为带来太大影响，政策面在某种程度上都倾向于稳健目标。

第 3 章

改观的经济
周期

增长和周期，一直是宏观经济学的两大主题。第 3 章将站在经济周期的角度回顾战后日本的宏观经济状况。

首先，通过经济增长率和经济动向合成指数（CI）来浏览一下战后经济周期的基本特征，即经济扩张期和经济衰退期的基本特征。

其次，聚焦战后具有代表性的经济扩张期、比较各项经济指标动向，确认经济扩张速度减缓的前因后果。

最后，进一步着眼于设备投资和库存投资，具体论证经济复合效果（相乘效果、反馈机制）弱化这一现象。

战后经济周期的
基本特征

● 经济周期与经济增长

在第1章中，我们回顾了日本经济的成长之路，在这里拟划分为经济周期的不同时期来进一步探讨。下面来看一下各经济周期的扩张期与衰退期的实际经济增长率的发展变化。

截至20世纪70年代前半期的第7经济周期，都被称为"经济的高速增长期"，经济扩张期的平均增长率为10%左右，即便是在经济衰退期，到70年代初期的第6经济周期为止，也保持在5%左右的高增长率。此后到80年代为止，平均增长率也保持在扩张期5%、衰退期3%左右。无论是扩张期还是衰退期，增长率都保持在正值，而且差距也不大，这一时期可以称得上是经济稳定增长时期。

在第11经济周期的衰退期，即泡沫经济崩溃之后，增长率多为负值，进入20世纪90年代后的第12经济周期，即便是经济扩张期也只有1%左右的低增长率，从90年代末开始到21世纪的第13经济周期和第15经济周期，扩张期与衰退期的增长率同在0徘徊，基本无差别。

日本的经济周期在20世纪80年代前始终保持经济持续增长态势，是典型的增长周期。但是90年代后，如第1章看到的那样，呈现出潜在增长率持续下降态势，无论是经济扩张期还是衰退期皆如此，而且衰退期出现负增长也不再是罕见现象。

下面来看一下处在与日本经济周期同步时期的美国。首先在战后，美国各周期的实际经济增长率扩张期平均值为正值，衰退期平均值大多为负值或者在零附近徘徊。而且众所周知，通常来说连续两个季度出现经济负增长会被定义为经济衰退，这一状况在表3-1、表3-2中也可以清楚地看到。扩张期的增长率也呈缓缓下降趋势，但幅度远不像日本。而且还有一点与日本不同，就是衰退期的增长率并没有出现下行趋势，如图3-1所示。

● 由CI观20世纪80年代后的经济周期

从图3-2可以看出CI的发展变化。图中显示，泡沫经济时期（1986年11月—1991年2月），经济指数一路上扬，可谓从经济谷底一路冲向顶峰。

泡沫经济时期的经济扩张幅度巨大，但所谓"山高谷必深"，之后迎来的经济衰退也格外惨烈，经济水平大幅下降。此后两轮的经济周期动向显示振幅很小，与之前的经济增长率一样。进入21世纪后，经济扩张期的经济指数再次冲到顶峰，毫不逊色于泡沫经济时期的扩张期。

2005—2010年经济的大体走向让人比较费解，这主要是因为世界金融危机引发的外部震动导致了经济衰退和由此产生的反作用力。2010年后的经济指数与2002年经济谷底时期相比，属于小幅上升，恢复并保持在与泡沫经济崩溃后两次经济扩张期的同等水平。

2008年的世界金融危机导致日本经济元气大伤，比泡沫经济崩溃后更为严峻。此后，2014年初终于恢复到了2007年上半年的水平，自此一直保

表3-1 日本经济周期的不同时期

年代	周期	经济扩张期	期间	经济衰退期	期间
	1	到1951年6月为止（朝鲜特需①）		1951年6月—1951年10月	4个月
20世纪50年代	2	1951年10月—1954年1月	2年零3个月	1954年1月—1954年11月	10个月
	3	1954年11月—1957年6月（神武景气）	2年零7个月	1957年6月—1958年6月（持续萧条）	1年
	4	1958年6月—1961年12月（岩户景气）	3年零6个月	1961年12月—1962年10月	10个月
20世纪60年代	5	1962年10月—1964年10月（奥运景气）	2年	1964年10月—1965年10月（证券萧条时期）	1年
	6	1965年10月—1970年7月（伊奘诺景气）	4年零9个月	1970年7月—1971年12月	1年零5个月
20世纪70年代	7	1971年12月—1973年11月	1年零11个月	1973年11月—1975年3月	1年零4个月
	8	1975年3月—1977年1月	1年零10个月	1977年1月—1977年10月	9个月
	9	1977年10月—1980年2月	2年零4个月	1980年2月—1983年2月	3年
20世纪80年代	10	1983年2月—1985年6月	2年零4个月	1985年6月—1986年11月（日元升值萧条时期）	1年零5个月
	11	1986年11月—1991年2月（泡沫经济）	4年零3个月	1991年2月—1993年10月	2年零8个月
20世纪90年代	12	1993年10月—1997年5月	3年零7个月	1997年5月—1999年1月	1年零8个月
	13	1999年1月—2000年11月	1年零10个月	2000年11月—2002年1月	1年零2个月
21世纪前12年	14	2002年1月—2008年2月	6年零1个月	2008年2月—2009年3月（世界金融危机）	1年零1个月
	15	2009年3月—2012年3月	3年	2012年3月—2012年11月	8个月
2012年后	至今	2012年11月—			
15个周期的平均值			3年		1年零3个月

① 朝鲜战争期间，美国因战争需要，在日本购入大量的军需用品，对战后日本经济复兴起了很大的促推作用。——编者注

表3-2　美国经济周期的不同时期

年代	周期	经济扩张期	期间	经济衰退期	期间
20世纪40年代	1	1945年10月—1948年11月	3年零1个月	1948年11月—1949年10月	11个月
	2	1949年10月—1953年7月	3年零9个月	1953年7月—1954年5月	10个月
20世纪50年代	3	1954年5月—1957年8月	3年零3个月	1957年8月—1958年4月	8个月
	4	1958年4月—1960年4月	2年	1960年4月—1961年2月	10个月
20世纪60年代	5	1961年2月—1969年12月	8年零10个月	1969年12月—1970年11月	11个月
20世纪70年代	6	1970年11月—1973年11月	3年	1973年11月—1975年3月	1年零4个月
	7	1975年3月—1980年1月	4年零10个月	1980年1月—1980年7月	6个月
20世纪80年代	8	1980年7月—1981年7月	1年	1981年7月—1982年11月	1年零4个月
	9	1982年11月—1990年7月	7年零8个月	1990年7月—1991年3月	8个月
20世纪90年代	10	1991年3月—2001年3月	10年	2001年3月—2001年11月	8个月
21世纪前7年	11	2001年11月—2007年12月	6年零1个月	2007年12月—2009年6月	1年零6个月
2009年后	至今	2009年6月—			
11个周期的平均值			4年零10个月		11个月

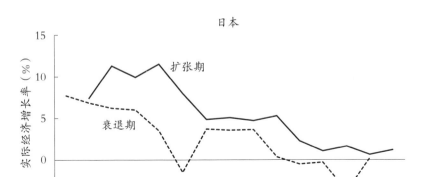

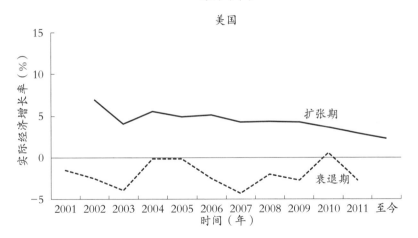

图3-1　日美经济扩张期、衰退期的实际经济增长率的发展变化

数据来源：内阁府，经济动向指数、经济基准日期（截至2019年7月）。

持着较高水平，但呈现的是锯齿状走势。近几年总是能听到大家说"怎么没有感觉到经济复苏了呢"，其中的原因之一大概就是由于经济发展水平虽高，却很难一目了然地看出经济周期的变化。

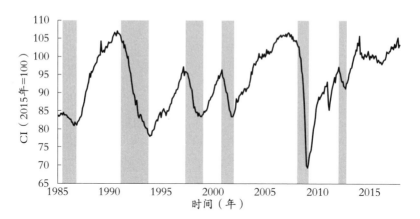

图3-2　CI的发展变化（阴影部分为经济衰退期）

数据来源：内阁府，经济动向指数。

放缓的经济
扩张速度

前文大致介绍了一下战后经济周期的特征，本小节拟通过各项经济指标，聚焦经济扩张速度，分析一下具有代表性的经济扩张期。

● 由 CI 看不同的经济扩张期

首先还是来看一下在前文中提过的作为经济综合指标的指数CI。上一节只是探讨了该指数的发展水平，本节将着眼于经济扩张期的CI扩张速度。

对于20世纪80年代后，经济扩张期持续保持3年以上的经济周期，设定每个周期谷底时点的CI数值为100，来看一下每个扩张期的发展进程（图3-3）。可以发现，除去2009年3月（包含世界金融危机后经济高速复苏期在内）开始的经济扩张期，泡沫经济崩溃后经济复苏的速度及规模，都完全无法比肩泡沫经济时期。

特别是2012年11月开始的经济扩张期，第15个月以后基本没有任何波动①。显而易见，这一时期的经济扩张虽然保持了长期持续的态势，但扩张

———————

① 截至 2019 年 7 月。

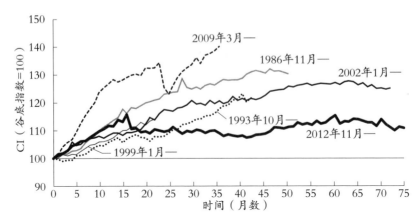

图3-3　泡沫经济后经济扩张期的CI发展变化

🅝 测算的是相近的6个经济周期，谷底时CI值设定为100。

数据来源：内阁府，经济动向指数。

速度与之前相比甚是缓慢。但因为只有1985年以后的CI数据，所以无法将1985年以前的经济周期和现在的周期做比较，这就有了一定的局限性。

● 各周期的经济指标动向

如CI数据所示，近年来经济扩张期的经济发展速度十分迟缓，这究竟是怎么回事呢？为了寻找答案，笔者选择了几项具有代表性的经济指标，尽可能翔实地分析一下不同时期的经济周期在由谷底冲向峰值过程中的特征。

首先，来看一下国内生产总值所包含的各个项目在不同周期的平均增长率的发展变化。如图3-4所示，至20世纪70年代前半期、在被称为经济高速增长期的第7周期前后，消费、设备投资、住宅投资等民间需求项目出现高增长，但增长率呈平缓上升的趋势。另外，出口增长率没有出现显著变化。由此可知，以上的高增长率推动了经济在高速增长期之后的经济周期中一路走高。

政府消费这一项没有太大的变化。政府投资一项，在80年代之前即便是经济扩张期也是负增长，但进入21世纪后开始出现正增长，人们普遍认为这体现出了小泉政权时代公共投资紧缩方针的效力。

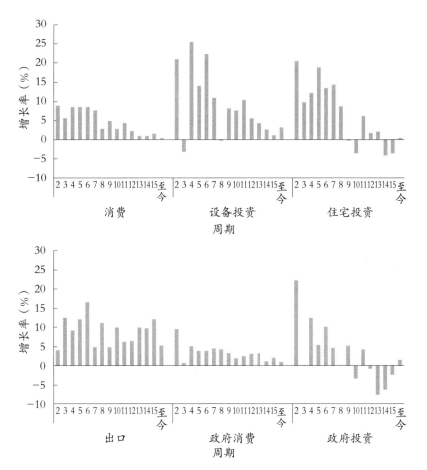

图3-4 经济扩张期国内生产总值所含项目的增长率

注 周期排序请参照图3-1。

数据来源：内阁府，国民经济核算。

对于扩张期超过36个月的经济周期，下面来更详尽地看一下民间需求的相关指标的发展变化。在此，将谷底的各指标值统一设定为100，来确认一下各个指标随着时间（图表中按季度划分）的推移是怎样变化的（图3-5）。

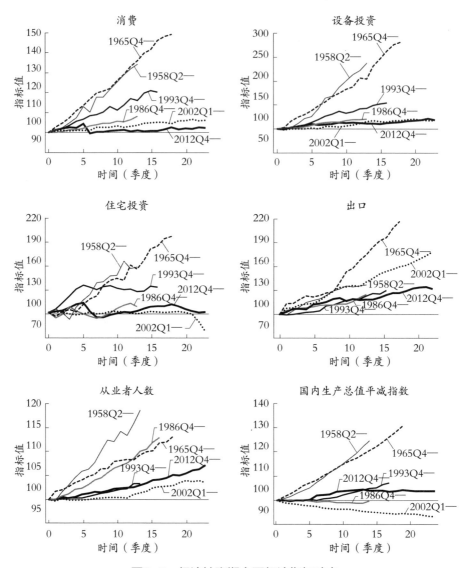

图3-5　经济扩张期主要经济指标动向

ⓘ 谷底指数值均设定为100。消费、设备投资、住宅投资、出口均为实际指标。图中
的数字+Q+数字表示××年第×季度，如1965Q4表示1965年第4季度。

数据来源：内阁府，国民经济核算；总务省，劳动力调查。

列举的经济周期包括第4周期（1958年6月开始的"岩户景气"）、第6周期（1965年10月开始的"伊奘诺景气"）、第11周期（1986年11月开始的泡沫经济）、第12周期（1993年10月开始）、第14周期[①]（2002年1月开始）、最近[②]（2012年11月开始）。

在泡沫经济前的经济周期中，国内需求型消费、设备投资、住宅投资从扩张期初始阶段便遥遥领先，并且一直保持；特别是设备投资，在第一年就比谷底时增长了10%—30%；住宅投资稍有延迟，从扩张期的第2年才开始不断增长，成为经济扩张期后半期的有力支撑[③]；出口方面，从"伊奘诺景气"的第3年开始势头大涨，因此"伊奘诺景气"被认为是能够长期保持经济扩张期的主要原因。而且"岩户景气"时期，从业者人数与第1年相比，在第2年出现猛增的势头。由此可以看出，国内生产总值平减指数与经济扩张步调一致地呈现出上升趋势。

但是与泡沫经济时期相比，不管是之后的经济周期，还是消费、设备投资、住宅投资等国内需求项目，在经济复苏后，都没有能力改善经济指标，即便经济扩张期接近尾声，经济增长率依旧保持低位。

国内需求无能为力，但出口方面对经济增长有较大的贡献。特别是始于2002年第1季度的经济周期，势头已经远超泡沫经济时期。所以说，这一时期的经济复苏其实自始至终都是以外部需求为中心的。

从业者人数和各需求项目发展态势一样，1980年前和20世纪90年代以

---

① 战后最长的经济扩张期，因为时长超过伊奘诺经济时期，在报纸等的报道中被称为"超越伊奘诺"。

② 截至2019年7月。从2012年11月开始的经济周期还未设定经济增长峰值。

③ 泡沫经济时期，住宅投资处于领先地位，第1年空前高涨，之后波动幅度不大，因此也被认定为是扩张期跌入谷底时的有力支撑。

后的增长速度差距很大。特别是在始于2002年第1季度的经济扩张期，初期从业者人数几乎为零增长，出现了失业型经济复苏的奇特状况。到后半期从业者人数才开始增长。

始于泡沫经济后刚刚不久的1993年第4季度、2002年第1季度的经济复苏期，国内生产总值平减指数即便是在扩张期也是呈由谷底继续下滑的趋势。甚至在20世纪90年代以后直接变为"通货紧缩"的经济状况。

● 各周期的劳动供需和工资、物价动向

下面对图3-5中的6次经济扩张期的以下方面进行比较分析。也就是，通过有效招聘倍率①和失业率来看劳动供需状况，通过人均薪酬和消费者物价指数②（后简称CPI）来看工资、物价动向（图3-6）。

首先是有效招聘倍率。可以看出，进入21世纪后，经济扩张期劳动供需关系的增长态势并不逊于之前的扩张期。特别是2012年第4季度开始的经济扩张期，与"伊奘诺景气"时期、泡沫经济时期一样，从经济谷底上升了近0.8倍。

失业率的下行速度、幅度（超1.5%），在进入21世纪后也基本保持了与经济高速增长期、泡沫经济时期的同等水平，甚至比它们更低。

如图3-3、3-5所示，随着时代的发展，CI、各需求项目、从业者人数的增长速度在20世纪90年代的幅度并未显示下降趋势。

---

① 不包括"岩户景气"时期。

② 此处的数据不含个人住宅的推定房租。——编者注

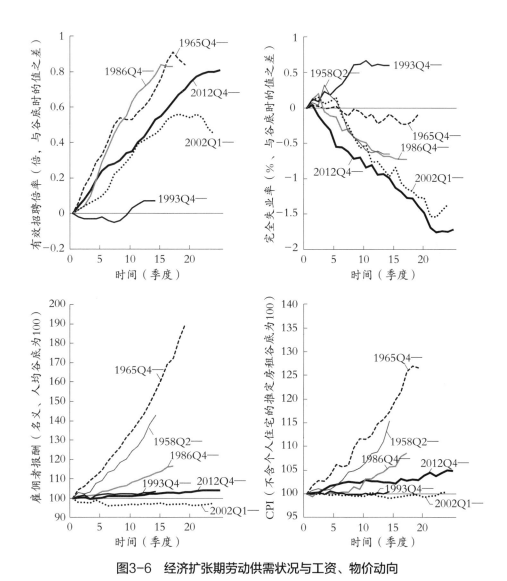

图3-6　经济扩张期劳动供需状况与工资、物价动向

注　雇佣者报酬是人均报酬，是将劳动者报酬（名义）除以劳动力调查的人数得出的。

CPI指不含个人住宅的推定房租在内的其他总额。关于消费税上调时期（1989年4月、1997年4月、2014年4月），则根据除去消费税率上调部分后的CPI（参考指数）进行了调整。

数据来源：内阁府，国民经济核算；总务省，消费者物价指数、劳动力调查；厚生劳动省，职业安定业务统计。

经济扩张期劳动供需的紧张状态虽然并不亚于之前的经济高速增长期、泡沫经济时期，但人均薪酬增长幅度一直处于萎靡不振的状态，在21世纪初的经济扩张期甚至出现负增长。

经济扩张期的消费者物价增长率也呈负增长的"通货紧缩"状态，虽然在2012年末开始的扩张期转为正增长，但与经济高速增长期、泡沫经济时期相比，仍处于较低水平，随着经济扩大仍未出现增长率加速的迹象。

综上所述，CI、各需求项目、从业者人数、工资、物价趋势，无论哪一方面的扩张、增长速度，与之前的经济高速增长期、泡沫经济时期相比都是极为缓慢的。但进入21世纪后，有效招聘倍率、失业率与上述时期相比却毫不逊色，一直呈现紧张的供需关系状态，明显与其他经济指标走向大不相同。

经济扩张架构的变化： 相乘效应与反馈机制的弱化

泡沫经济后经济扩张期的扩张速度是缓慢上升的，换言之，就是由于所谓"投资引来投资""经济扩张带来经济扩张"这样的相乘效应或者说是反馈机制弱化导致的。

也就是说，经济的复合效应弱化了。所谓经济的复合效应，是指通常在经济增长速度下降或上升过程的初期会出现超预期的突飞猛进之势，就像在坡道上打滚一般，会产生具有加速度效果的滚雪球式增长，再打个比方：点火一直没点着，但一旦点着就瞬间燎原。

作为经济复合效应的成因，需要强调在经济扩张/衰退时期影响到各经济主体的外部性因素的作用。

例如，企业决定投资的时候。在经济繁荣期，预计其他企业也会投资，整体经济将会扩大发展，那么自己的企业在这时进行投资也肯定是有利的，因此非常容易形成全员参与的局面。

但是在经济不景气时期，考虑到其他企业有可能不会投资，那么自己企业的投资收益回报将会变小，则很容易形成无人投资的"囚徒困境"现象或者是"协调失灵"①的局面。

如此说来，如果考虑到经济周期中的外部性因素，就会清楚经济的复合效应的影响力之大是超出想象的。

● 设备投资的总量调整

首先，作为说明经济周期中设备投资动向的理论，可以举出总量调整/加速度原理。该理论的基本思路是考虑与企业目标生产水平相契合的资本总量水平，将当下的总量水平按此方向进行调整（总量调整），基于以上要求确定作为总量差分的设备投资。所以，设备投资不应由生产水平决定，而应取决于和生产增量的关系，它的变动与生产水平（或者资本总量）相比，幅度更大（加速度原理）。

如果分别从制造业和非制造业来考量，则会发现就长期趋势来看，制造业的资本系数（资本总量/生产水平）相对来说更加稳定，由此可见总量调整是以制造业为中心发挥作用的。下面拟以制造业的设备投资为中心进一步探讨。

要了解设备投资总量调整趋势的话，就要先看一下资本总量和流动设备投资动向的关系，如图3-7a所示的概念图。

当经济扩张时，生产水平的增长率会不断提高，资本总量增长率也会随之提高。但初期生产水平是加速增长的，所以设备投资的增长会超过资本总量的增长（图3-7a的①）。当设备过剩时，资本总量增长幅度就会降

---

① 各经济主体如果齐心协力则会共赢，但因各自的利己主义，导致在宏观经济角度来看出现低效状况。

低，同时投资增长率也会大幅下滑，这时就会低于资本总量的增长了（图3-7a的②）。接下来，因为资本总量增长下滑，投资便会减少。这时，资本总量的增长会呈现加速度下滑趋势，所以投资会大幅减少（图3-7a的③）。但随着资本总量增长率下滑状况逐渐和缓，设备投资减少的幅度也会缩小，慢慢再转化为增加趋势（图3-7a的④）。

图3-7b显示的是在1958年6月（第4经济周期）以后的经济周期中，制造业的有形固定资产总量增长与设备投资增长之间的关系。实线部分为扩张期，虚线部分为衰退期。

从图表中可以看出，在1958年6月开始的经济周期中，扩张期是顺时针呈圆形，衰退期时资本总量增长减弱，呈现出一个大大的圆的形状。依次观察之后的经济周期，发现设备投资周期图的圆渐渐转为逆时针方向，圆也开始变小了。

在经济高速增长期、扩张期时设备投资会加速增长，如果一直持续，资本总量也会呈现高速增长的态势，但设备投资的加速增长机制显然渐渐弱化。

● 设备投资国内生产总值占比的推移

下面来看一下表示设备投资国内生产总值占比的国内生产总值占比（图3-8）。通常情况下，经济扩张期的设备投资项目会比其他项目增长更快，牵动着整个经济的增长。实际上，截至20世纪80年代，设备投资的国内生产总值占比是通过经济扩张才大幅提高的，只是它看上去比经济的整体发展更为活跃而已。

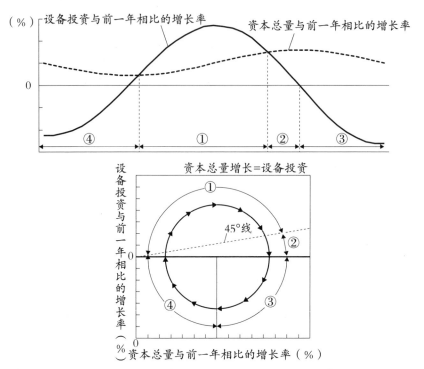

图3-7a　设备投资与资本总量的关系概念图[①]

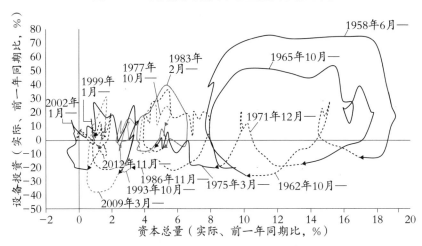

图3-7b　设备投资与制造业有形固定资产总量的周期图

数据来源：内阁府，民间企业资本总量。

———————

① 作者自制图，仅提供大致参考。——编者注

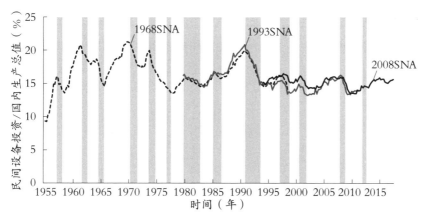

图3-8　设备投资国内生产总值占比的推移

🔴 阴影部分是经济衰退期。1955—1999年的数值是按照1963年的国民经济核算体系的
基准，1980—2010年是按照1993年的国民经济核算体系的基准，1994年是按照2008
年的国民经济核算体系的基准，均为名义值。

数据来源：内阁府，国民经济核算。

但在泡沫经济崩溃后的经济衰退期，设备投资占国内生产总值占比一落千丈，降至泡沫经济之前的水平。之后的20世纪90年代，包括进入21世纪，即便在经济扩张期也都没有再看到占比大幅提高的情况，达到15%左右后，基本上就是横盘状态，仅仅有些小幅度的变化。

● 企业经营状况与设备投资的关系

为进一步深挖经济与设备投资之间的关系，先来看一下企业经营状况与设备投资之间的关系。首先来看一下日本中央银行《全国企业短期经济观测调查》的企业（大企业）经营状况和法人企业（大企业）统计中的设备投资的关系（图3-9a）。图3-9a显示，企业经营状况的好坏与设备投资的增长情况往往是联动反应的。但是世界金融危机后、2010年后，二者之间的关系变得令人费解。

因此，划分了不同时期来测算二者指标的关联系数，结果发现：在21世纪前，关联系数在0.8左右，但到2010年后落到了0.5左右，两者的关联度显然趋于弱化（图3-9b）。

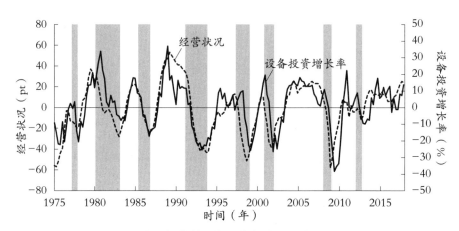

图3-9a 企业经营状况与设备投资增长率的变化发展

❶ 经营状况依据的是日本中央银行的"全国企业短期经济观测调查"的大企业/制造业的业绩评价（实际业绩）。设备投资增长率依据的是财务省的"法人企业统计"中设备投资（名义）上一年同期比增长率（实际业绩，%）的3期平均浮动值。其中的pt是表示百分比之差的单位。

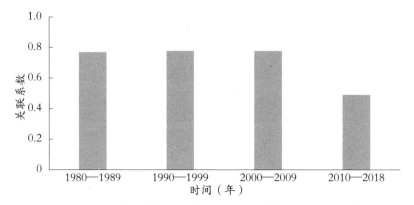

图3-9b 企业经营状况变化与设备投资增长率的关联系数

❶ 设备投资采用的是每一公司的平均值。大企业（资本金在1亿日元以上）的制造业企业。

数据来源：财务省，法人企业统计季报；日本银行，全国企业短期经济观测调查。

● 库存投资周期的变化

库存投资周期的发展趋势在20世纪90年代前和90年代后的经济周期中也是不一样的。在经济扩张期，企业考虑到未来的需求增长和物价上升问题，通常会增加库存。经济衰退期到来时，企业就会缩减库存。

看一下表示民间库存投资国内生产总值占比的国内生产总值占比（图3-10）就会发现：截至20世纪70年代前半期的经济高速增长期，经济扩张期的库存投资占比急速上升，衰退期时这一占比也会得到快速调整。但在20世纪90年代后期的经济扩张期，国内生产总值占比始于负值，之后即便经过调整也始终徘徊在零值上下，除1998年金融危机、2008年世界金融危机外，在经济衰退期也没有看出曾大幅调整。

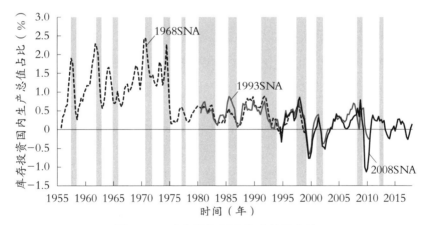

图3-10　库存投资国内生产总值占比

注 阴影部分表示经济衰退期。

数据来源：内阁府，国民经济核算。

换言之，库存投资和设备投资一样，从国内生产总值占比来看，周期性趋势不明显，即便在经济扩张期，企业也没有积极增加库存。普遍认为这是受到20世纪90年代以后的潜在增长率下降、通货紧缩倾向的影响。

但这绝不意味着库存周期正在逐渐消失。就像2008年的世界金融危机，如果发生难以预料的巨大外来冲击，大幅调整库存是绝对必要的。可以说，只要出现企业无法预判的事件，就会出现不得已的库存积压，就需要对其进行调整，这样也就必然会出现库存周期。

经济周期讨论中
出现的谜团

根据前面的分析，我们可以看到经济周期的发展变化，也注意到在近年来的经济周期中，经济扩张速度不断减缓，而且推动经济复苏的复合效应也在弱化。

特别是在2012年11月开始的经济扩张期中，经济扩张速度依旧缓慢，基本处于原地踏步状态，但失业率下降、有效招聘倍率上升等劳动供需关系依旧紧张。所以，劳动市场的供需关系未必与经济动向指数显示的经济发展状况有联动关系，这一现象可以说是"谜团1"。

而且，不仅仅是经济扩张速度减缓，与经济扩张、紧张的劳动供需关系相辅相成的设备投资、工资、物价的反应力也明显弱化。因此，工资和物价上涨对经济和劳动力供需紧张的压力减弱（谜团2），设备投资受经济发展的影响力减弱（谜团3）都被称为难解之谜。后面将在第4章、第5章中进一步探讨这些难解之谜。

专栏6　　经济动向指数与经济波动基准日期的规定

为表示经济周期的状况，制定了经济动向指数。该指数统合了在生产、雇佣等各项经济活动中的重要且能做出敏锐反应的指标。

经济动向指数包括CI和扩散指数（DI）。CI和DI是由共用的指标制定的，包括与经济状况基本一致的同步指标、对经济形势预判的领先指标、在经济波动后才显示作用的滞后指标。

同步指标用于把握经济现状。领先指标往往比同步指标提前数月显示作用，所以用来预判经济形势；滞后指标一般比同步指标延迟数月乃至半年才能反映经济动向，所以用于后期确认经济形势。

CI是通过统合各指标的动向来表示经济变动的幅度及速度（量感）。DI是通过计算所有指标中正在改善的指标比例，来测定经济发展过程中对各经济部门的波及度。

在判定表示经济拐点的经济波动基准日期时，采用基于各系列同步指标制定的历史扩散指数。历史扩散指数是指在每个扩散指数采用的系列中都设定谷底和峰值，然后判断各系列是处于上升趋势（正值）还是下降趋势（负值），着重显示该系列处于上升（或下降）趋势的比例。

当比例超过50%，则为经济扩张期，在达到50%前作为拐点的月份被认定为经济的谷底时期。反之，跌落50%时为经济衰退期，之前作为拐点的月份被认定为经济的峰值时期。而且，在判断时还要重视各周期的时长，峰值和谷底间隔要达5个月以上，一个经济周期的长度要在15个月以上。

专栏 7　　　　再谈经济周期论：皮古、凯恩斯的现代解释

经济的不确定性、预期效应

关于经济周期理论及其变迁，通常用基钦、朱格拉、库兹涅茨、康德拉季耶夫的经济波动学说、经济史等来进行解释说明，而正统宏观经济学在此方面的研究却少到令人瞠目结舌的程度。

身为美国芝加哥大学教授、长期担任全美经济研究所（NBER）特别研究员，同时还是经济周期理论及经济指标和预测评估第一人的扎诺维茨著有诸多论著。扎诺维茨从早期的经济周期理论到真实经济周期理论、新凯恩斯理论，将当时最前沿的理论都进行了翔实有序的梳理和介绍。

他对日本经济泡沫时期及该时期结束后的经济状况进行思考后，发现20世纪40年代前的早期经济周期理论令人格外关注。该理论非常重视经济周期中的各个因素，包括经济本身存在的各项不稳定因素（设备投资、库存投资、银行信用供给），不确定性因素，预期作用，还包括作为前述因素结果的复合效应的扩大/紧缩机制。

这一强调内在原因的经济周期理论虽然和此后宏观经济学各学派的立场有所差异，但正好与重视金融等政策变量、实物冲击等外部原因的观点相呼应。下面，拟按照上述扎诺维茨的理论研究介绍一下皮古和凯恩斯的观点。

皮古强调的核心观点是经济周期中的心理因素。主要内容就是经济主体在经济扩张期过度乐观的思维泛滥、经济衰退期过度悲观的思维占主导，这样一种"错判"在经济周期中起到了不可忽视的作用。

凯恩斯也是重视预期作用的经济学家之一。扎诺维茨将凯恩斯"一般理

论"的核心思想归纳为"不确定的预期""不稳定投资""长期低迷的循环"3个关键词，并分别进行了说明。

换言之，在经济繁荣期基于对未来的乐观预测不断增加投资、生产的过程中，企业长时间忽视投资的边际效率（企业家预期每增加1个单位的资本投资就会得到的新资本收益率）正在下滑，最终意识到这一问题的时候，企业对资本边际效率的看法会产生巨大变化，投资就会陷入不稳定状态。

凯恩斯认为，如果低利息能够改善资本的边际效率，那可能就不需要长期调控来推动经济复苏了，资本的边际效率是由外力无法控制的经济领域的心理因素决定的，使之上升并非易事，最终应归结到对长期经济活动预期是否乐观上。

协调失灵

上述早期经济周期理论，包括后来的经济复合性特点的部分，哈罗德、萨缪尔森、希克斯都是将其作为加速度原理、乘数模型来固定化、模式化的，但不可否认，他们遗漏了凯恩斯的"不稳定投资""长期低迷的循环"这两点。

作为这一部分的理论基础，可以列举以下研究。以上研究着眼于20世纪80年代后半期新凯恩斯经济学理论之一的协调失灵、互补性。

具体来说，就是企业在投资时，如果其他企业同时投资的话，整体的经济情况都会向好，预期收益率也会增长，所以对该企业来说，投资行为是有利的（互补性），作为最终结果就是整体投资都得以扩大。

反之，在经济衰退期，考虑到其他企业不投资，那么预期收益率就会下降，因此该企业也没有多少投资的欲望，最终导致谁都不投资的局面（协调失灵）。换言之，这样的"互补性"形成了某种"外部性"，就有可能产生"多重均衡"，即促进经济扩大的"良性均衡"和陷入经济紧缩旋涡的"恶性均衡"。该理论就是使这种可能性正当化的理论。

基于泡沫经济和其崩溃后的经济衰退并非完全由外部冲击导致的这个观点，普遍认为皮古、凯恩斯的观点中有与之相符合的部分。在经济泡沫时期，形成了"遇强则强""全民乐观"的局面，泡沫经济崩溃后，经济形势不断衰退，则"遇弱则弱""全民悲观"的形势占了支配地位，这也导致经济衰退更加严重、持续。

另外，近年来经济扩张期的扩张势头在弱化，这主要也是因为以前在经济衰退期发生过的协调失灵造成的，即便是经济扩张期"或许其他企业不会大幅增加投资吧"——这样的预判也在企业之间蔓延，这种现象普遍被认为是经济的复合效应机制弱化造成的。

第 4 章

解开劳动力不足、工资、物价之谜

在第 4 章中，将进一步详细解释、探讨第 3 章的两大谜团。具体来说，是劳动供需关系未必反应经济发展趋势，两者之间的关联性不强（经济动向与劳动供需关系脱节，谜团 1）；虽然经济扩张、国内生产总值缺口缩小、劳动供需关系紧张，但是工资、物价并未明显提高（劳动供需关系与工资、物价脱节，谜团 2）。

首先，将使用菲利普斯曲线观察上述问题，试解决谜团 1。其次，进一步探讨、解决谜团 2 中的工资部分。谜团 2 中对物价的影响部分将会在第 5 章中进行探讨。

宏观经济与劳动市场 关系之谜

首先看一下谜团2。如果看表示失业率和物价增长率（消费者物价指数综合增长率）关系的菲利普斯曲线的话（图4-1），可以发现该曲线呈现出缓缓走向平稳的发展趋势。在20世纪70年代到80年代，菲利普斯曲线呈明显的下降趋势，但20世纪90年代后变得相当平稳。也就是说，虽然劳动供需关系紧张、失业率下降，但物价增长率依旧一直处于低迷状态。

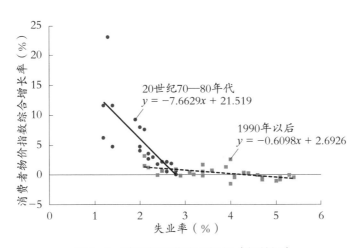

图4-1　菲利普斯曲线平缓化（年数据）

数据来源：总务省，消费者物价指数（消费者物价指数综合）、劳动力调查（完全失业率）。

本节将探讨、解析谜团1。拟于下一小节分别探讨劳动供需与工资的关系（虽劳动供需关系紧张，为什么工资并未上涨呢）及工资与物价的关联性（工资上涨了，物价增长率也会提高吗）。

● 经济发展形势与劳动供需关系的"脱节"：谜团 1 的解决路径

首先来看表示经济状况的代表性指标——CI和能够迅速反映出劳动供需状况的有效招聘倍率之间的关系（图4-2）。

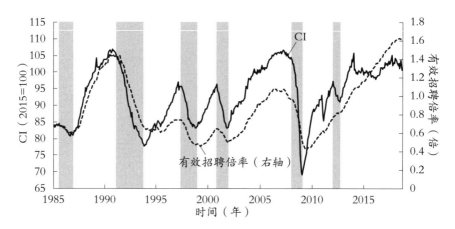

图4-2 有效招聘倍率与经济动向指数的发展趋势

注 阴影部分为经济衰退期。

数据来源：厚生劳动省，职业安定业务统计、内阁府，经济动向指数。

正如福田慎一所指出的那样，在20世纪90年代前，CI和有效招聘倍率在走向、发展水平上显示出惊人的一致。实际上，经济发展过程中的峰值期、低谷期也与有效招聘倍率的峰值期、低谷期动向非常相似。

进入20世纪90年代后，两者虽在走向上依旧大体一致，但有效招聘倍率一直不如经济发展的水平高。不过从2008年世界金融危机后的经济复苏时期开始，有效招聘倍率只是在经济状况有微小波动时大致保持不动，其他时候基本一直处于上升状态。

特别是2013年后，有效招聘倍率与经济发展的脱节状况格外醒目。这显示，近年来有效招聘倍率的发展趋势已经不再受经济态势的影响，而是受经济结构的影响。

下面从区别于上述指标的角度来看一下经济动向与劳动供需之间的关系。具体来看日本中央银行公布的经营状况判断与雇佣人员判断扩散指数（图4-3）。两者显示的经济状况与劳动力不足的关系，与前述CI和有效招聘倍率的关系一样，是密不可分的。但2014年后，两者之间的"脱节"也格外引人注目。从图表中可知，在经济踟蹰不前时，劳动力不足的现象是日益严峻的。

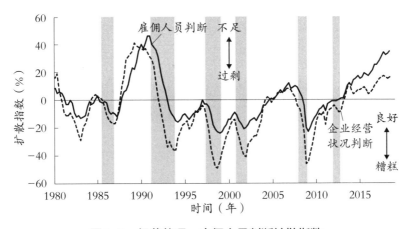

图4-3　经营状况、雇佣人员判断扩散指数

注 阴影部分为经济衰退期。

数据来源：日本中央银行，全国企业短期经济观测调查。

下面，从对经济动向反应灵敏的制造业和非制造业两方面来看一下雇佣人员判断扩散指数的发展趋势（图4-4）。将两者进行比较，可以发现：在经济衰退期，制造业企业认为自己行业的人员过剩；在经济扩张期，双方企业都认为自己行业的人员不足。但2011年后，两者的发展模式开始出现变化。制造业的发展趋势似乎更符合经济的发展动向，依旧感到雇佣人员过剩，但此时的非制造业已经率先出现了劳动力不足的情况，两者之间出现的这种差异此后也一直存在。由此可见，非制造业的劳动供需情况与经济发展趋势明显背道而驰。

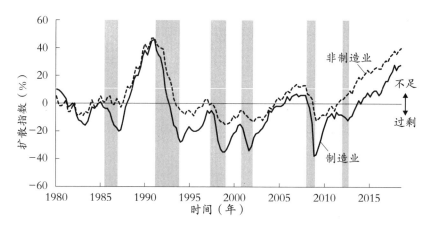

图4-4　雇佣人员判断扩散指数的发展趋势（制造业/非制造业）

数据来源：日本中央银行，全国企业短期经济观测调查。

　　通过以上分析可知，在经济与劳动供需关系的"脱节"现象中，受经济波动影响小的非制造业的劳动力不足形势更为严峻。为进一步细化观察制造业和非制造业的发展趋势，将不同职业类别2019年3月的雇佣人员判断扩散指数与2007年3月时曾出现的劳动力不足时期进行了比较，发现2007年3月的经济状况良好，在能够反映当时经济状况的制造业中，特别是一般机械、运输机械等制造业的劳动力明显紧缺，但2019年3月非制造业劳动力严重紧缺。特别是建筑业，与早期劳动力不足时期的情形大不相同（图4-5）。

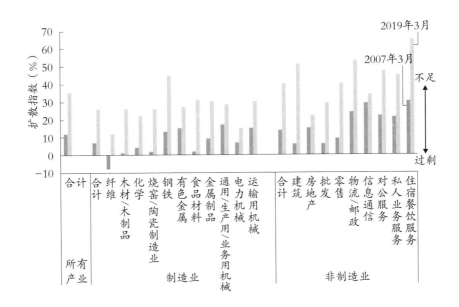

图4-5　两个时点（2007年3月与2019年3月）的雇佣人员判断扩散指数

ⓘ 在2007年3月的数据中，一般机械业的数据于2009年12月停止更新。

数据来源：日本中央银行，全国企业短期经济观测调查。

　　下面再来看一下不同职业类别的有效招聘倍率变化（图4-6）。建筑及相关行业、医疗相关行业、家庭生活辅助、生活卫生、服务餐饮、护理等服务行业的有效招聘倍率依旧格外醒目，许多职业类别高达近4倍甚至超过4倍。

　　另外，在科技、自动化的发展过程中，即便看似相同的职业类别，却同时存在劳动力严重短缺和劳动力过剩两种情况（图4-7）。在生产工程行业中，机器维修保养、制品检查的有效招聘倍率超过2.5倍，但生产设备操控、监管却不足1倍。

　　究其原因，人们普遍认为后者的操控、监管功能被不断发展的机械自动化所取代了。ICT（信息通信技术）、AI（人工智能）等新型科技手段不断被充分利用，在此过程中就出现了被替代的需求性不足的职业和能够满足新兴需求的职业，因此有必要探讨一下更为细化的职业类别。

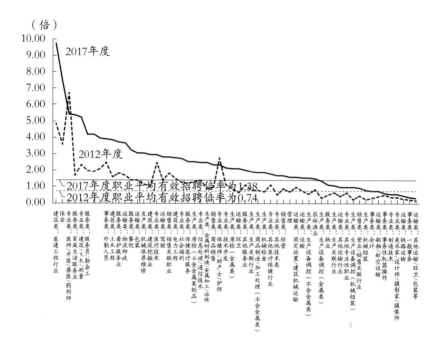

图4-6　不同职业类别的有效招聘倍率（中类和小类）

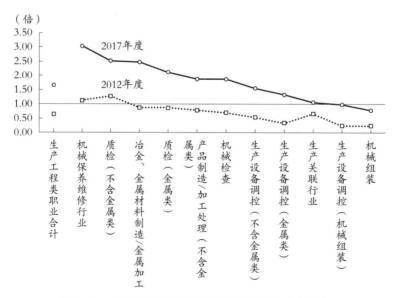

图4-7　生产工程行业中的不同职业类别（小类）

注　不同职业类别的有效招聘倍率（含短时间劳动）

　　如前所述，在特定的产业和行业中存在劳动供需紧张的现象，基于这一点可以预测整个劳动市场的不均衡现象正在逐步扩大。为观察劳动市场的整体不均衡现象，就需要来看一下显示雇佣失业率与缺岗率关系的UV曲线分析。

　　人们普遍认为，表示雇佣失业率和缺岗率组合的点以及将它们连接起来的UV曲线①如果离原点越远，那么雇佣失衡就会越严重。20世纪90年代至21世纪初，UV曲线连续向右上方移动，进入2010年后与21世纪初相比虽然开始慢慢向左下移动，但UV曲线的整体位量位于70—90年代曲线的上方，除世界金融危机时期外，显然是失衡最严重的时期（图4-8）。

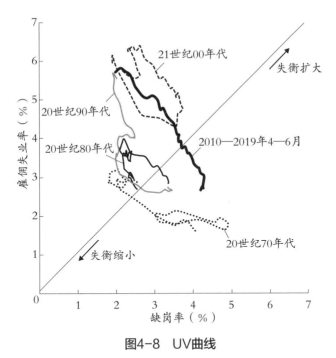

图4-8　UV曲线

❷ 所谓雇佣失业率，是由完全失业者÷从业者人数得出。

数据来源：劳动政策研究/研修机构，有效劳动统计跟踪调查。

---

① 反映劳动力市场中失业率与缺岗率之间存在负相关关系的曲线，有时也被称为"贝弗里奇曲线"。——编者注

劳动供需与工资的脱节：谜团 2 的解决路径

本节将思考关于谜团2的相关问题，即"虽然劳动供需关系紧张，但工资为什么不上涨"的问题。首先，通过不同时代国民经济核算数据中的从业者薪酬增长率（人均、上一年同比、竖轴）和雇佣人员判断扩散指数（横轴）的关系（季度数据），来看一下劳动供需与工资上涨之间的关系（图4-9）。

● 不同时代劳动供需与工资增长率的关系

首先要明白，无论哪个时代的雇佣人员判断扩散指数和人均从业者薪酬增长率都是正比例关系。通过图4-9可以发现，从20世纪80年代到21世纪初期，回归直线倾斜角度基本没有明显变化，位置向下方移动。但从21世纪初期到2020年，回归直线不再向下移动，倾斜角度较以往也有所缓和。这应该怎么解释呢？

从20世纪80年代到21世纪初，随着劳动供需增加，工资增长率也随之上升，这样的关系基本没有发生改变，但这也意味着在劳动供需关系不变的情况下，预计工资增长率水平会很低。特别是在21世纪前10年，劳动供

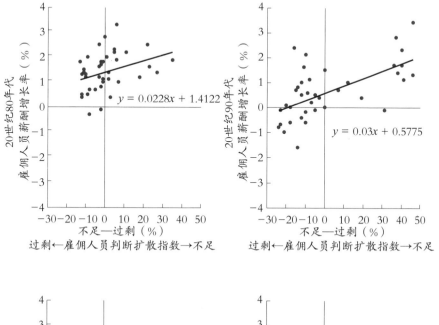

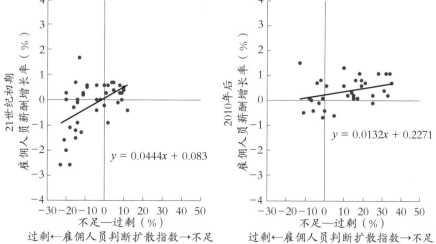

图4-9　雇佣人员判断扩散指数与从业者薪酬（人均）增长率

数据来源：内阁府，国民经济核算（从业者薪酬、人数）；日本中央银行，全国企业短期经济观测调查（雇佣人员判断扩散指数）。

需增加，但工资增长率的增长幅度依旧很小。

由此可知，劳动供需与工资增长率的关系已经变得非常弱。

下面再来看一下时间单位的从业者薪酬与雇佣者判断扩散指数之间的关系（图4-10）。

通过上图可以看出回归直线的倾斜度在20世纪90年代突然变大，20世纪80年代、21世纪10年代、2010年后基本上没有明显变化，也就是说，劳动供需关系变化与时间单位工资增长率的关联性基本没有发生变化。普遍认为关联性之所以看似在下降，是因为劳动时间减少造成的。

● 不同职业类别的劳动供需与工资增长率的关系

在前文通过时间序列的相关数据探讨了劳动供需与工资增长率之间的关系，下面使用不同产业的横断面数据，着眼于雇佣人员判断扩散指数的峰值时期（劳动供需关系紧张时期）探讨一下不同行业的劳动供需与工资增长率之间的关系（图4-11）。不同行业的工资增长率（一定时间内、与前一年同比）使用的是国民薪酬普查的数据。拟通过不同的行业来验证劳动供需关系越紧张的产业，是否工资增长率越高。

通过图4-11可知，在20世纪90年代（1990年、1997年），各行业的工资增长率基本都是正值，没有受到不同行业劳动供需关系差异带来的影响。进入21世纪后，整体上依旧难以察觉不同行业的劳动供需关系与工资增长率之间有某种关联。不过可以发现，即便雇佣人员判断扩散指数不足，但依旧可以区分工资增长率为正或负的行业。特别是运输用机械类、食品类行业在2007年、2017年工资增长都为负增长。由此可见，工资增长很可能不仅仅是受到劳动供需关系的影响，同时也受到行业固有的市场环

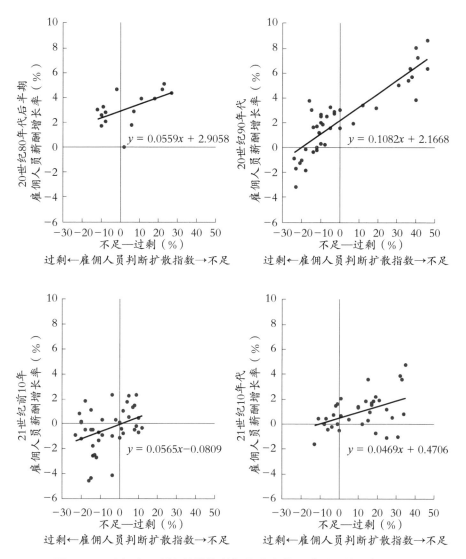

图4-10　雇佣人员判断扩散指数与从业者薪酬（时间单位）增长率

数据来源：内阁府，国民经济核算（从业者薪酬）；总务省，劳动力调查（从业者人数、月平均劳动时间）；日本银行，全国企业短期经济观测调查（雇佣人员判断扩散指数）。

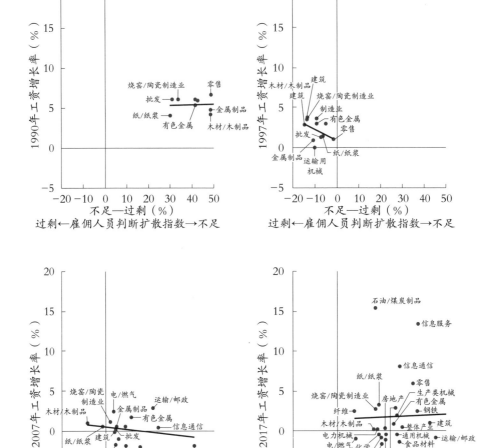

图4-11　不同行业的雇佣人员判断扩散指数与工资增长率（时薪）

数据来源：根据厚生劳动省的薪酬结构基本统计调查（不同产业的法定薪酬、法定劳动时间）和日本银行的全国企业短期经济观测调查（雇佣人员判断扩散指数）制作。

境的影响。

而且在2017年时，尽管建筑、运输/邮政劳动力严重紧缺，但与其他行业相比，工资增长率相对较低，这一点格外引人注目。这与劳动力紧缺就会引起工资增长率上升的信息服务行业形成鲜明对比。

综上所述，出现了两点结构性变化：①劳动供需与工资增长率之间的关系逐渐弱化，换言之，随着时代的发展，某一劳动供需关系的对立程度对工资增长率的变化影响甚微；②各行业劳动供需与工资增长率的关联性都已经弱化。至于以上这两点变化的原因，可以从三点进行分析。

● 劳动供需与工资关系"脱节"之原因

第一点，雇佣形式结构比例变化的影响。即便工资对劳动供需的反应灵敏度不变，倘若工资水平低、劳动时间短的非正式雇佣比例上升，即便劳动供需环境不变，工资增长率也会下降。这种雇佣形式结构比例变化带来的影响是很大的。在国际货币基金组织（IMF）进行的发达国家薪酬分析中也一再强调，这是导致薪酬难以上涨的重要原因。

第二点，20世纪90年代以后，企业的人员管理制度未做出改变。20世纪90年代以后，经济持续低迷、预期增长率不断下降，但劳动分配率急速上升，这一矛盾成为迫在眉睫的难题。如果按照惯例，多是通过削减劳动时间、调换工作岗位或者借调等方式来渡过难关，但此时矛盾已经达到极限，必须要调整从业者的数量或薪酬。

在这里需要指出的很重要的一点是，劳资双方都默认应尽力保全过剩的中老年正式职员。因此，所谓调整从业者的数量，主要是通过退休带来的职员人数自然减少以及抑制新员工的雇佣来解决的。而且，就算雇佣新员工，也是增加非正式员工人数。

如果劳资双方都优先考虑继续维持雇佣过剩（换言之，薪酬超过了生产率）的正式员工（＝内部人员）的话，那么调整的只能是外部人员（新入职员工）及他们的薪酬。如果劳动者一方要求增加薪酬的话，那么就会更加明显地暴露出"内部人员"过剩问题。这将会导致雇佣关系愈发难以维持，因此也可以说劳动者一方也并非都愿意增加薪酬。

在"不涨工资"渐趋"合理化"的过程中，20世纪90年代后薪酬基本要素（年龄、工作年限与工资水平的关系）的作用渐趋平缓。

而且，即便是经济扩张时期，也很难提高基本工资（法定工资）。究其原因，是因为一旦提高了基本工资，将来就很难下调了（工资的僵固性）。特别是考虑到像日本这样把劳资双方的信赖关系建立在长期的雇佣关系上的情况，则更难选择。

能够预判经济的持续性增长自然是好的，但20世纪90年代后预期增长率下降、经济景气也不过是昙花一现，另外还包含诸多不确定性，所以普遍认为提高工资很可能只是在"静观其变"，实则难以执行。与其他发达国家相比，日本工资水平低迷的情况格外严重。这应该与日本式的雇佣制度以及在此制度下生存的日本企业采取的对策密切相关。

第三点，提高工资之所以困难，是因为有超出劳资双方意志的外因存在。例如，有的职业劳动环境恶劣，所以从根本上存在招工困难的问题，即便提高工资水平也难以招聘到员工。换言之，这种情况下的劳动供给曲线基本上是呈垂直状态的。另外，如果考虑企业恶劣的劳动环境、劳动力需求曲线接近水平的话，即便劳动力需求增加，工资及从业者人数基本也不会有任何增长。目前新公布的接受外国劳动力的14种职业类别，其劳动环境相对而言都更为严酷，即便增加工资也很难招聘到劳动者。或许也可以说，大都是这些职业类别兼具劳动环境恶劣、工资难以上调的特点。

如果说还有其他外因的话，那就是来自最终市场的制约了。经济全球化导致最终市场的价格竞争格外激烈，价格难以上调，那么也就可能导致作为成本之一的工资难以上调。特别是劳动集约型的服务行业，这种倾向尤其突出。

● 工资增长率与物价上涨率的关系

为探讨工资是否受到最终市场的影响，首先需要观察工资与物价之间的关系是否发生了变化。在20世纪70年代通货膨胀时期，工资和物价都呈螺旋式上升，那么现在重要的研讨课题就是这种螺旋式上升是否依然存在。

首先通过物价增长率（消费者物价综合统计）和工资增长率（每月出勤统计、现金薪酬总额）的发展过程来分析二者的关系（图4–12）

20世纪80年代前半期，无论是工资增长率还是物价增长率都处于5%以上的高位水平，后来缓缓降低，到2000年，两者都在零上下浮动。进入21世纪后的前五年，物价增长率发展为负值，但工资增长率依旧有正值时期，但2005年后工资增长率也开始向负值发展。2008年世界金融危机前后，受原油价格影响，物价增长率上升，在此过程中，工资增长率再次变为负值，而且因为经济不景气，负值程度不断扩大。

如果单看每个时期物价增长率和工资增长率（法定工资）的关联性系数（图4–13），可以发现从20世纪80年代开始逐年下降。也就是说，物价增长率与工资增长率的关联性逐渐弱化。

仅凭关联系数下降还不能判断其因果关系，那么下面来确定一下关联系数较小的2010年后的工资与物价增长率之间的关联性。表4–1是通过二者的2

变量VAR模型[①]得出的实验结果（仅显示相关部分）。工资对物价产生影响，大概有一个季度的延迟，但物价上调对工资产生影响则有至少9个月的时间延迟。即便是从比与工资关系更加密切的服务价格来看，结果也大体一样。

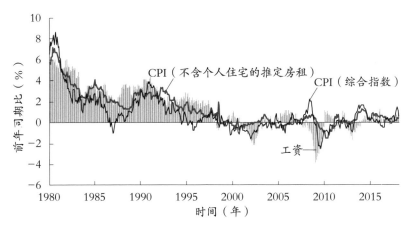

图4-12　工资增长率（现金薪酬总额）与物价增长率的发展过程

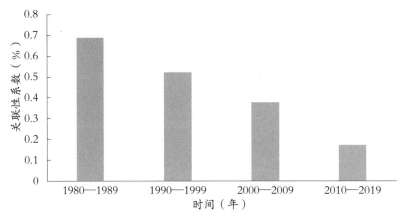

**图4-13　各时间段工资增长率（现金薪酬总额）
与物价增长率的关联性系数（CPI综合指数）**

数据来源：总务省，消费者物价指数（综合、不含个人住宅的推定房租）；厚生劳动省，每月出勤统计调查（现金薪酬总额）。

---

① 向量自回归模型，用来分析社会经济观象的数学模型。——编者注

表4-1 物价与法定收入的关联性（2010年以后）

滞后期	CPI（综合指数）		CPI（不含个人住宅的推定房租）	
	工资→物价	物价→工资	工资→物价	物价→工资
1				
2				
3	**		*	
4	*			
5				
6				
7				
8				
9		***		***
10		***		***
11		***		***
12		***		***

ⓝ 为确保恒定性，都采用的是与前年同月比的增长率（％）的相邻差值进行推算。CPI则是采用的扣除了消费税增长部分的序列指数。对于因果关系测试，使用的是由各期滞后的VAR模型得出的实验结果。***、**、*符号分别表示1%、5%、10%的有效统计部分。关于CPI部分，因为总务省公布的不含消费税上调部分的综合指数（参考系列）只有1997年、2014年上调时点的信息，所以1989年消费税上调部分的信息参考的是上村敏之的《家庭间接税负担与消费税的未来——从商品税到消费税时代的实效税率的发展历程》、"会计调查研究NO.33"，并且将1989年废除商品税、改用消费税时的消费支出总额中的间接税率比率上调部分中的0.3%从物价增长率中剔除。

数据来源： 同图4-12、图4-13（但薪酬部分仅指法定工资）。

从图4-12、图4-13、表4-1可知，工资增长率与物价增长率的关联性自20世纪80年代以后便逐渐弱化，观察最近的2010年后二者关联性的话，就会发现工资增长率→物价增长率、物价增长率→工资增长率，两组因果关系在发挥影响力前需要跨越的时间长度是有差异的。其中，物价增长率对工资增长率产生影响需要9个月以上的时间，这足以表明工资不仅难以受到劳动供需关系的影响，也很难被物价环境左右。

"脱节" 之源

本章主要是围绕经济动向与劳动供需的脱节、劳动供需与工资的脱节这两个问题展开讨论的。第一个问题在2013—2014财年脱节现象愈发严重，主要是因为非制造业中多个行业的劳动力严重不足。即便是同一职业类别，在技术革新过程中劳动力不足的程度也会有所差异，整体来看雇佣失衡问题非常严重。

第二个问题，针对劳动供需关系的变化，各年代工资波动率的敏锐反应程度基本没有变化，但可以明显看出20世纪80年代后即便是同等程度的劳动供需关系，相对应的工资波动率也是大幅下降的。这应该主要是由非正式雇佣的比例增大及劳资双方对工资增长期待度下降导致的。

就工资增长率与物价增长率二者关系来说，表面来看二者的关联性随着时代的发展逐渐弱化，究其因果关系的话，可以确认工资增长率→物价增长率存在因果关系，这一路径并非阻断的、无法通行的。

专栏 8　　　　　菲利普斯曲线扁平化的原因

至于菲利普斯曲线扁平化的原因，可以举出伊达大树等人提出的3点原因。

第1点，通胀预期的决策强化。日本中央银行重视物价稳定、调整各项金融政策、增强多方沟通，这使得民间经济主体的通胀预期决策十分有力，尽管国内供需环境时有变化，但通货膨胀率渐趋稳定。简言之，就是通过金融政策使通货膨胀率趋于稳定。

即便需求下降，也能够迅速实施金融宽松政策。如果大众高度认可具备如此执行力度的日本中央银行的话，民间经济主体的通胀预期就不会带来大的影响，通货膨胀率的下降幅度也会停留在很小的范围内。也就是说，针对供需缺口，通货膨胀率不会有大的波动，菲利普斯曲线也就渐趋扁平化了。

第2点，着眼于菲利普斯曲线的非线性特点的思考。根据"高通胀"和"低通胀"的具体情况，对价格、工资的制定也会进行相应调整。例如，如果通货膨胀率的平均值及方差下降，企业对产品、服务调整价格（菜单成本），会导致效益低于成本，从而又使得企业减少调整价格的频率，于是菲利普斯曲线也趋向扁平化，这一现象在国外多个实证分析中也得到了验证。

另外，因为名义工资向下僵固性的特点，即便供需缺口严重，也难以下调名义工资，这样的话，企业产品、服务的价格就不会出现大幅下降，因此，在"低通胀"环境下，菲利普斯曲线也呈扁平化态势。在这样的情形下，既然经济衰退期的工资是难以下调的，那么即便经济复苏了，工资也一样难以提高。

第3点，要重视经济全球化及政策宽松化带来的竞争环境的变化对企业定价行为的影响。举一个例子，比如因市场竞争激烈导致需求价格弹性系数上升。如果价格弹性系数上升，就很难提高价格，由需求改善带来的边际费用的提高也只是小幅转化到产品价格中，所以菲利普斯曲线呈现扁平化。而且企业考虑到和调整价格息息相关的信息收集成本、与顾客的交涉成本等，基于节约的原则，也会制定一个具有普遍性的价格，尽量减少调整价格的频率。基于以上原因，普遍认为宏观经济学视角下的菲利普斯曲线才会逐渐趋向扁平化。本章和第5章都会对以上成因进行系统探讨。

📝 专栏 9　为什么劳动力不足但工资依旧不涨

本专栏的题目是经济学学者、政策决策者、实业家等人所著的同名著作的题目。作者在该书最后将劳动力不足时期工资依旧不上涨的原因归结为以下7点。在这里一一进行介绍。

第1点，立足于劳动力市场供需关系变化。纵轴是实际工资，横轴是从业者人数，平均工资取劳动力需求曲线（下降）与劳动力供给曲线（上升）的交点。通过这个一般劳动力市场模型，可以发现劳动力需求曲线接近水平，也就是说，当价格（工资）弹力系数高时，供给曲线即便因劳动力不足呈上升趋势，工资也基本不变。据说很多企业感觉即便稍稍提高一点人工费也很不划算，因此作罢。

另外，劳动力供给曲线也显示在价格（工资）弹性系数高、接近一定水平时，即便因劳动力不足该曲线呈上升趋势，工资上升幅度依旧很小。普遍认为是因为从业者中包括大量老年人非正式受雇人员，该部分从业者与正式员工相比，工资弹性系数高。因为就业时，工资因素起很大的决定作用。因此，如果非正式雇佣比例继续增长的话，那么可以预测整体的劳动力供给曲线就会愈发扁平化。除此之外，也有人提出了工资不会立刻反映到劳动供需关系的几点原因，还有分析说只要是长期工就会涨工资的情形也并不少见。

第2点，行为经济学派的观点。具体来说就是，价值降低1个单位带来的沮丧感要大于增加1个单位带来的喜悦感，该学派通过这一"损失回避偏好"，对讨厌工资下调的名义工资僵固性进行了解释说明，同时指出这很可能也与工资上调刚性有关联性。这一学派认为，工资一旦上调就很难再下调，所以工资上涨要谨慎。

实际上，有报告分析指出：根据企业的时序和截面数据，与频繁下调工资的企业相比，过去一直回避工资上调的企业在之后的工资调整时上调幅度更小。对于这一现象，可以做如下解释——即便工资有上调空间但未来难以下调的话，那么劳资双方都愿意确保"只要不下调工资就好"这样一个迂回区域。

第3点，工资制度的变革。例如，在企业环境不断变化、不确定性增加的过程中，进入21世纪后，作为一直以来的资历型工资制度中重要一环——基本工资上涨制度渐渐走向消亡，与此同时，成果主义以及由职务、贡献带来的绩效工资逐渐普及，工资制度发生了变革。最直接的表现就是，表示工资和年龄、工作年限等相关的工资基本要素占比越来越小，这意味着工资很难上涨。而且，企业承担的社会保险金的负担加重，学者普遍认为这也是抑制工资上涨的原因。

第4点，行业管制。最典型的是2010—2015年从业者人数增长幅度最大的医疗福利行业。该行业的劳动力需求明显增大，但工资上升幅度则有行业制度限制。之所以这样，是因为诊疗费用制度、护理费用制度抑制了医疗、护理服务的价格，但这并不是放宽限制就能解决的问题。例如在公交行业出现过因放宽管制，增加了许多新入职人员的情况，导致竞争白热化，结果公交车司机的工资并未上涨的情况。

第5点，非正式雇佣员工增多。与正式雇佣相比，非正式雇佣的工资水平更低。如果这一部分的比例增长，那么就会带来整体平均工资水平的下降。分析1993年后现金薪酬总额的变化原因，有研究指出短时间劳动者的比例增大是其最大的原因。可以说在各种原因当中，这是一个起到了推动作用的原因。

第6点，能力开发、人才培养减少。实际工资反映出劳动者的生产效率、技术水平。考虑到这一点，对此产生重大影响的能力开发发展状况也是决定工资水平的重要一环。有研究指出，在日本的雇佣体系下，从20世纪90年代开始，原本非常重视企业内部在岗培训的情形越来越少见了。同时，近些年来，企业在工作场所之外进行脱岗培训、自我进修的情况也在减少。上述这样的能力开发培训如果减少的话，也会造成工资难以上涨。

第7点，老年人的增加及存在"就业难"人群。退休后的职工工资大都较低，如果退休后再就业人员的比例增大，那么对全体从业者的平均工资就会形成下行压力。而且，如果"就业难"人群在初次就业时未能如愿，他们就会反复换工作，这就导致连续工作年限少、晋升迟缓，很多时候只能换到小规模的企业工作，并且比先入职员工的工资水平要低。可以说，老年人比例的增加、"就业难"人群的存在也是从业者整体工资水平下行的原因。

在以上7点原因中，很难说哪一点更重要。但通过该书的分析，还是能够看出非正式雇佣，特别是短时间劳动者比例的增加产生了相当大的影响。

第 5 章

解开物价、设备投资之谜

第 5 章拟从企业的视角来探讨、解释第 3 章中得出的谜团 2 和谜团 3 两大问题。

物价之谜：企业价格 战略的变化

第5章首先主要来探讨"谜团2"中的物价相关问题，也就是探讨即使在经济扩张期为什么物价也难以上涨的问题。

第4章阐明了经济发展与劳动供需、劳动供需与工资之间的关联性已经弱化的原因。另外，也解释了如果工资增长率提高，物价增长率也会随之上升的因果关系。因此，如果援用第4章的论点，那么关于"谜团2"中的物价相关部分应该就可以做出如下解释：归根结底是因为工资不涨，所以物价才不涨。

但是，即便经济形势一片大好，但物价依旧停滞不前，其中或许还有工资以外的原因存在。接下来从企业的视角出发，来探讨一下是否存在无关经济形势，但会使商品及服务价格难以上涨的原因。

● 价格黏性的主要原因

到底是什么原因导致企业在提高自己商品、服务的价格时一直犹豫不决呢？针对价格黏性这一主题，宏观经济学涉及的内容颇多，比如调整价格的频率、幅度、背景（是依赖于时间轴，还是依赖于企业环境）等，但按照我们的问题主线进行的研究则不是很多。

可以举出欧洲中央银行（ECB）的例子。该组织是从寻找宏观经济下通货膨胀及紧缩背景原因的角度出发，关注企业的定价行为，孜孜不倦地进行分析的研究机构。他们针对欧洲多个国家的企业宏观数据进行实证分析计划。

其中对我们格外有参考价值的是，欧洲中央银行叙述了多个价格黏性的理论背景，并通过企业调查明确了其重要原因的研究。例如，艾维斯和赫尔南多列举了以下9点价格黏性原因。

- 协调失灵。如果对手公司也同时上调价格还好，倘若只是自己公司提价，就会陷入产品销量大减的"囚徒困境"，所以提价这一行为是很难实行的。
- 暂时性外界冲击。这种情况通常经过一段时间后又会恢复到老样子，所以调整价格的激励程度严重不足。
- 明确契约妨碍调整价格。
- 基准价格的存在。比如要在消费者能够接受的价格范围内调整价格。
- 菜单成本。即与调整价格息息相关的成本花费。
- 调整价格必需的信息收集成本。
- 面对外界冲击等，有调整价格之外的对策。
- 默认契约妨碍调整价格。
- 价格是商品、服务品质的信号。例如，会出现误认为低价意味着低质的情况。

在所有的实证研究中，上述关于价格黏性理论背景的整理研究虽然多少有所不同，但在以德国、西班牙、葡萄牙为对象的相关研究中，关于价格黏性的原因居于第1位的是默认契约，第2位的是协调失灵。

另外，在以澳大利亚、比利时为对象的研究中，居于第1位的是默认契约，居第2位的是明确契约，而协调失灵居于第5位。还有在以美国为对象的研究中，居于第1位的原因是协调失灵，居第2位的是菜单成本；以英国为对象的研究则是明确契约位于首位，菜单成本位于第2。

由上述结论可知，不同国家是有所差异的，大部分欧洲国家认为默认契约是价格黏性的重要原因。除此之外，协调失灵也可以说是价格黏性的又一重要原因。

● 日本价格黏性的现状

那么，日本的价格黏性是怎么样的呢？渡边努等学者计算了构成消费者物价指数的588种品类的价格从前一年开始的变化率，然后计算出变化约为零的品类在整体消费额中所占的比例。

可以将这个比例当作表示价格黏性程度的指标，在20世纪90年代初期，这个比例为20%，从90年代后半期开始节节攀升，到90年代末已经到50%左右，此后基本维持在这一水准。由此可知，价格黏性一直处于高位水平。

渡边努指出，其中一个重要原因就是趋势性通货膨胀率低下。在趋势性通货膨胀率低下的情况下，仅仅自己的企业提价，就会比竞争对手价格高，从而使己方陷入不利境地，所以通常不会调整价格，偏好价格不变动。换言之，就是容易出现前面提到的协调失灵状况。另外，如果仅仅是这一个原因影响的话，那么只要趋势性通货膨胀率上升，价格黏性就会自动消散了。

但是渡边努将日本、美国、加拿大等7国进行了比较，结果显示，即便调整了宏观通货膨胀率，在日本价格变化接近零的品类比例依旧很高。实际上，如果看一下价格增长变化率，会发现日本增长变化率基本为零，许多国家是2%—3%。也就是说，在日本，价格不变是企业默认的定价模式；而在美国等国家，每年价格提升2%—3%则是企业默认的定价模式。

渡边努指出，这是因为一方面，在整个社会处于通货紧缩状态时，消费者只接受价格一成不变，完全不接受丝毫上涨；另一方面，企业也极度恐惧因涨价失去客户，所以即便是成本提高了也依旧会选择保持原来的价格。

这可以解释为默认契约。换言之，可以理解为：因为长期存在的通货紧缩，在企业和消费者之间默认建立了"价格一成不变"这一契约。作为不打破契约但可以把成本转嫁到价格中的方法，出现了将商品容量变小这样的不正当对策[①]。

和欧洲各国重视默认契约一样，日本在自己的经济体系中，也一贯重视经济主体间默认的、长期的、持久的关系，也就是互相依存型的经济体系。

● 经济全球化和电子商务的影响

企业定价作为企业间战略行为的结果，容易出现协调失灵的情况。之所以这样，学者普遍认为是趋势性通货膨胀率下降和市场竞争白热化造成的。当然，这是从二者的关联性角度进行的解释，下面分别来探讨一下。

经济全球化和信息技术革命（电子商务的出现）作为重大的外界环境变化，应该也推动了竞争日益激烈化。例如，欧洲中央银行前总裁马里奥·德拉吉曾指出：在欧洲，工资增长与消费者物价增长脱节的重要原因之

---

① 当然，企业将商品容量减小的伎俩很容易被消费者识破。

一，可能是经济全球化及电子商务的发展导致竞争激化致使利润减少。日本同样应该重视这两大因素。

关于经济全球化和通货膨胀的关系，世界上已有相当深入的研究。具体来说，这些研究不仅考虑到本国生产力过剩的影响，也考虑了全世界生产力过剩的影响，通常探讨的是基于预期菲利普斯曲线推算的世界国内生产总值缺口的影响。但是因统计及指标获取方式不同，结果也会有所差异，无法取得一个确凿的结论。

另外，部分学者在研究、分析时，也开始关注通过对全球价值链（GVC）的干预来抑制通货膨胀率的效果。特别是安德鲁斯等测算了经济合作与发展组织各国全球价值链对批发物价的影响，结果显示日本受到的影响位居第二（接近-0.4%）。也就是说，与其他国家相比，日本通过全球价值链受经济全球化的影响格外显著。

综上所述，经济全球化对通货膨胀率的影响未必会有定论，但全球价值链的影响已经明朗化。分析指出，其对日本批发物价的影响很大。日本或许比其他国家更容易受到经济全球化的影响。

下面再来看一下电子商务的影响。该领域的研究还较少。在与电子市场相关的既有研究中，学者普遍认同电子商铺与普通线下店铺并无太大差别。

例如，在这个领域内具有代表性的研究是卡瓦罗以日本、美国、德国等10国为对象展开的研究。该研究指出，整体来看，线上与线下商品价格一致的情况占比72%。另外，古尔斯比和科伦诺也得出了如下结论：美国线上通货膨胀率比一般消费者物价指数的通货膨胀率低1个百分点左右（2014—2017年）。

电子商务的影响或许会随着普及程度的深入而不断变化。为获得确凿结论，有必要进行包括日本在内的更进一步的实证研究。

但令人感兴趣的是，在卡瓦罗进行的与日本相关的分析中显示：日本线上和线下价格一致的情况占48%，与该研究中的其他几国相比，占比最低，同时线上价格低于线下的情况占45%，在10个国家中占比最高。

也就是说，仅从卡瓦罗的研究分析来看，日本线上价格偏低的倾向要比其他国家显著，如果未来电子商务得到进一步普及的话，或许会成为抑制物价增长率的重要因素。

物价上涨困难的
原因

综上所述，对于"谜团2"，也就是物价难以上涨的问题，仅仅着眼于因工资难以上调所以物价也难以提升这一研究路径是不够的，还应该关注企业本身的定价行为。

正如渡边努等学者在研究中明确指出的，20世纪90年代后日本的价格黏性增强，即便与其他各国相比，程度也是较高的。主要原因有以下两点：第一点是在趋势性通货膨胀率低下、经济全球化背景下，企业难以提价，即协调失灵；第二点就是通货紧缩思想已经长久禁锢企业的头脑，"价格保持不变"已经成为其与消费者之间的默认契约。

而且就目前的分析可知，在全球价值链及电子商务这样经济结构的变化对物价增长率产生影响这一点上，日本受影响的程度也要高于其他国家。

设备投资之谜：
企业投资战略的变化

第3章探讨了经济扩张期因为设备投资急剧增长，经济处于持续上升势态的复合效应，在20世纪90年代后，日本该效应便逐渐减弱。

第3章指出了另一谜团（谜团3），即设备投资本身将来也依旧会受整体经济形势的影响，但设备投资对经济的敏感度一直在弱化。本节拟对"谜团3"展开进一步的验证。

● 从经济动向来看设备投资的评价

将设备投资与经济动向连接在一起的最简单的理论就是第3章中曾提到的加速度原理。这是一个通过某期的投资（I）在生产量（Y）变动中所占比例进行说明的投资函数。换言之，就是公式$I_t=\alpha（Y_t-Y_{t-1}）$。在这里，如果投资I_t也取决于资本量，那么也要考虑前期末（本期初）的固定资产（K），可以表现为：

$$\frac{I_t}{K_{t-1}}=\alpha\left(\frac{Y_t-Y_{t-1}}{K_{t-1}}\right) \tag{1}$$

更进一步来看，如果不是当期，而是有一个阶段的延迟，就需要考虑长期性调整过程，那么可以表现为以下形式：

$$\frac{I_t}{K_{t-1}} = \alpha \left(\frac{\Delta Y_t}{K_{t-1}} \right) + \beta \left(\frac{\Delta Y_{t-1}}{K_{t-1}} \right) + \gamma \left(\frac{\Delta I_{t-1}}{K_{t-1}} \right) \tag{2}$$

另外，投资也并非只是增加资本的纯投资，也包括追加、更新投资，所以还要考虑资本损耗。而且投资成本，例如资本的相对价格、调整资金成本（利息等）可能也会影响投资决定。在格鲁伯和卡明的研究中，对调整成本使用的是将相对价格、损耗及利息等作为整体的测算方法，得到如下公式：

$$\frac{I_t}{K_{t-1}} = \alpha \left(\frac{\Delta Y_t}{K_{t-1}} \right) + \beta \left(\frac{\Delta Y_{t-1}}{K_{t-1}} \right) + \gamma \left(\frac{I_{t-1}}{K_{t-1}} \right) + \eta \left[\frac{P_I}{P_\gamma} \left(\gamma - \delta - \Delta \frac{P_I}{P_\gamma} \right) \right] \tag{3}$$

在这里，$\frac{P_I}{P_\gamma}$ 代表的是针对整体经济的投资价格（相对价格），δ 代表损耗率，γ 代表调整资金成本（利息等）。

根据上述公式（3），将损耗等调整成本考虑在内推定出的结果就如表5-1所示。根据1985—1995年、1995—2005年、2005—2015年，每10年一次的推定结果可知，α（短期经济影响度）是缓缓下滑的（0.656→0.575→0.251）[1]，同时也显示经济动向与设备投资的关联度已经不再密切。

---

[1] 也确认了利用公式（1）（2）推定的结果，同样表明在 1985—1995 年、1995—2005 年、2005—2015 年这几个区间，参数 α 的数值是下滑的。另外，对于和经济规模的关联性，为考虑长期的发展历程，可以认为 1 减去自身延迟系数（y）得到的数值（$1-y$）就是整个历程的调整速度。这个数值是 0.610 → 0.107 → 0.205，由此可知，与 20 世纪 80 年代相比，从 90 年代后半期开始这个数值逐渐变小，调整速度走向缓慢。

表5-1 基于加速度原理的设备投资函数推算

	整个时期 （1985—2015年）	1985—1995年	1995—2005年	2005—2015年
α	0.482***	0.656***	0.575***	0.251***
	(0.101)	(0.102)	(0.032)	(0.044)
β	0.094	0.292	0.046	0.128***
	(0.091)	(0.263)	(0.057)	(0.029)
γ	0.650***	0.390**	0.893***	0.795***
	(0.102)	(0.146)	(0.043)	(0.089)
η	−0.134***	−0.286	−0.252***	−0.330***
	(0.045)	(0.165)	(0.019)	(0.068)
常数项	0.024**	0.043**	−0.009	−0.010
	(0.011)	(0.014)	(0.005)	(0.014)
调整后决定系数	0.968	0.967	0.973	0.909
J值	0.000	0.000	0.000	0.000

❸ 注 （ ）内代表标准误差，***$p<0.01$，**$p<0.05$，*$p<0.1$。

数据来源：笔者根据内阁府的国民经济核算进行的推定。

表5-1显示的是以每10年为一个时间区间进行推定的系数结果。用该公式进一步推算，以1985年为起点，终点分别设为1995年、2000年、2005年、2010年，以每5年为一个时间区间进行测算，利用测算结果对各个测算周期进行之后的预测模拟实验，再与实际值进行比较，就可以确认推定结果和实际值的相近度，如图5-1所示。

使用1985—1995年的推定结果测算出的推定值虽高于实际值，但2010年以后的实际值和推定值就相差甚远了，实际值远远低于推定值。即便是避开上述推定期间，这一倾向也不变（特别是将推定期间延长到2010年，结果甚至达不到推定值的95%置信区间的下限）。

也就是说，2010年后设备投资停留在非常低的水平，已经超出了经济水平变化程度能够解释的范畴。

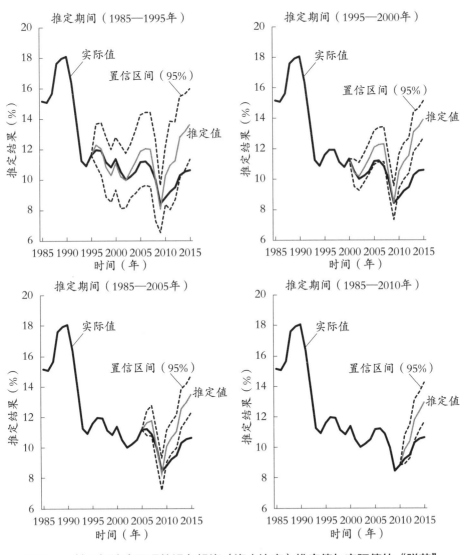

图5-1　基于加速度原理的设备投资（资本比率）推定值与实际值的"脱节"

数据来源：同表5-1。

● 基于托宾 Q 理论的设备投资函数分析

不仅要考虑目前的经济水平，还要加上市场评价等关系到企业未来发展等因素，综合考虑来决定企业的设备投资——这就是使用托宾 Q 理论的设备投资理论。公式[①]为：

Q=企业价值/资产重置成本

$\quad$=［股票总额（V^e）+纯负债（FA）］/资产总量（K）$\qquad$（4）

分子是股票总额和纯负债之和，该部分如果在企业解散时全部替换给所有者的话，就是股东和债权人能够取得的所有金额，可以认为是企业的市场价值。另外，分母的资产总量就是资产重置成本，换言之，就是为获取现有资产必须支付的费用总额。

因此，如果 Q 大于1的话，那么企业的市场价值就高于资产重置成本，所以进一步增加资本、扩大生产将是有利的。反之，缩小资本则有利。因此，Q 和设备投资呈正比例关系。

看一下 Q 值（图5-2）会发现，1990年前后、2006—2007年、2015年左右该值呈上升趋势。设备投资比率也在同期呈现高值。由此可知，Q 和设备投资（比率）大致上是联动的。

刚才定义的 Q=企业价值/资产重置成本=［股票总额（V^e）+纯负债（FA）］/资产总量（K），尽管表明 Q 值变大则实物投资更有利，但平均 Q 值并不是决定设备投资量的主要因素。考虑到企业的最优化行为，决定投

---

① 股票总额不仅包括对作为企业市场价值的设备投资这样的资产总量的评价，还包含对企业拥有的土地等其他资产的相关评价。而且，严格来说，因为税收制度会带来收益变化，企业价值也会随之发生变动，所以在计算 Q 值时也需要将税收制度考虑在内，在这里对该影响进行了取舍。

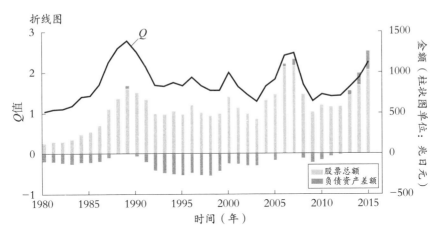

图5-2　*Q*值、股票总额、负债资产差额

数据来源：日本银行，资金周期统计。

资量的应该是边际*Q*值——根据每增加1个单位的投资，随之产生的企业价值的增值部分和边际投资成本的比率。但有一个问题，即边际*Q*值实际上是难以估算的。

　　如林的研究所示，如果生产函数是一次齐次函数，那么边际*Q*值等于平均*Q*值，这就奠定了在实际设备投资函数推算中可以运用平均*Q*值的理论基础。如果要解决企业市场价值最大化问题，将资本损耗率考虑在内的设备投资比率可以如下表示：

$$\frac{I}{K(1-\delta)} = p(q-1)+a \tag{5}$$

　　基于该公式进行推算，确认与*Q*值相关的参数*p*的动向，就可以发现表示投资机会的*Q*是如何反应新投资$\left(\dfrac{I}{K(1-\delta)}\right)$的，明白其关联性。表5-2显示的推算期间是1985—2015年，是整个时期和以10年为一个区间的测算结果。由此可知，1985—1995年和1995年以后相比，*Q*的反应力依旧低下[①]。

----

① 错开上述推定期间进行的推算同样显示该系数也是呈现缓缓下降的趋势。

表5-2 基于托宾Q理论进行的设备投资函数推算

	整个时期 （1985—2015年）	1985—1995年	1995—2005年	2005—2015年
p	0.0229***	0.0273***	0.00865**	0.0118***
	(0.00602)	(0.00952)	(0.00326)	(0.00303)
常数项	0.0831***	0.0844***	0.0905***	0.0880***
	(0.0045)	(0.0143)	(0.00174)	(0.00363)
$R2$	0.499	0.500	0.188	0.541

注 （ ）内代表标准误差，***$p<0.01$，**$p<0.05$，*$p<0.1$。

数据来源：笔者根据内阁府的国民经济核算和固定资产矩阵图、日本银行的资金周期统计进行的推定。

图5-1同样利用公式（5），以1985年为起点，将推定期间的结束年份以5年为一个时间区间进行推算，利用该结果实施了各个推定期间之后的预测模拟实验。结果显示（图5-3）实际值要低于推定值。但是，使用加速度原理来考虑的话，推定值与实际值的差距比想象的要小。在Q值有所改善的2006—2007年、2010—2015年，二者差距拉大，这表明虽然投资机会呈上升趋势，但并未进行充分投资。

● 设备投资趋势下降的原因

如前所述，国家经济形势、企业的发展前景、市场评价都难以解释清楚设备投资持续下滑的原因，那么到底什么原因呢？

下面对设备投资，特别是抑制新投资的结构性原因试总结如下：①由能力提升投资转向更新投资；②企业的预期增长率低下；③影响设备投资

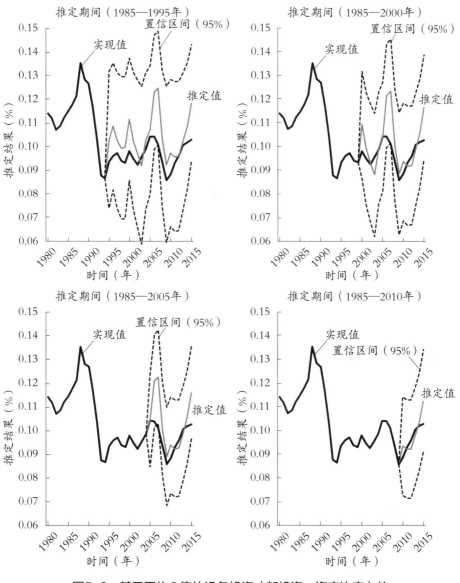

图5-3　基于平均Q值的设备投资（新投资、资产比率）的

推定值与实际值的"脱节"

注 $\left(\dfrac{I}{K(1-\delta)}\right)$ 的发展变化。

数据来源：同表5-2。

的收益增长环境发生变化；④由国内设备投资转向海外直接投资；⑤由设备投资转向企业并购。

● 从能力提升投资到更新投资的转变

先来看一下企业设备投资目的的变化。在21世纪前，能力提升是设备投资的主要原因，但进入2008年后，这个原因所占的比例一路下滑。另外，维修保养的比例在徐徐增长，到2015年前后两者基本持平（图5-4）。

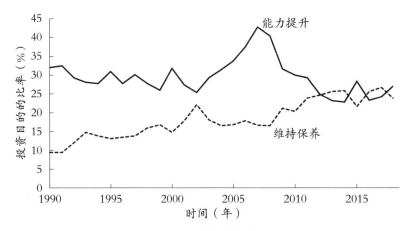

图5-4　企业投资目的的变化

注 企业投资目的（首位）比率。此外还包括合理化/节能化、新产品/产品智能化、研究开发等。

数据来源：日本政策投资银行，全国设备投资计划调查报告。

正如第1章所述，首先要考虑20世纪80年代前资本得到极大积累带来的是资本边际生产率低下，所以资本甚至新设备投资增长缓慢。而且也应该注意到，资本的边际生产率低下也如第1章所说，是因为对技术革新等全要素生产率、劳动增长贡献下降引起的。

● 企业的可持续增长率低下

接下来看一看影响企业投资的经济发展趋势预期。图5–5显示的是对大型企业进行问卷调查，对调查时间之后1年、3年、5年的经济增长率预期情况的结果。由图可知，预期增长率缓缓下降，到2010年后下降到1%左右，1年、3年、5年后的结果大致相同。

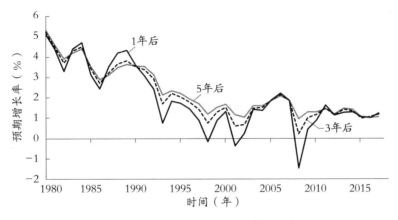

图5-5　企业的预期增长率（实际）

数据来源：内阁府，关于企业行为的问卷调查（大型企业）。

另外，也可以发现，截至21世纪初期，3年、5年后的中期预期增长率超过了1年后的预期增长率，经济增长率起初虽然较低，但多年后有望恢复。

因为企业对未来的不乐观而导致我们所进行的调查的期待增长率有较大程度的下降，这也成为跨越了初期的经济状况而影响到设备投资的重要原因。

● 影响设备投资的收益增长背景的变化

在企业决定是否进行设备投资时，收益是重要的衡量标准，这一点是毋庸置疑的。但研究指出，2015年后，尽管收益一直向好，但企业在投资设备方面的态度极其谨慎。

收益高的企业主要是从事对外出口或者在国外发展业务的企业（大型制造业及商社等），外汇汇率对这些企业的销售额会产生很大的影响。作为收益来源，数量因素（销售额提高）或者价格因素（交易条件的变化）对设备投资的影响也会有差异。

数量因素带来收益的增加。在此过程中，随着生产设备实际运转率等的提高，可以直接感受到是否需要改善经营状态及设备不足问题，这都有助于推动企业尽快进行设备投资。因为价格而引起的利益增长与销售量和生产量的增加没有关系，所以多被认为是暂时性的收益增长，所以，对设备投资的影响会因为时间延迟性而具有不确定性。

加藤直也、川本卓司指出，如果详细分析2012年之后经济复苏时期大型制造企业的销售额日常收益率各要素的话，会发现因日元贬值而改善了贸易条件这一因素的影响力很大，收益增长和投资程度的高低的关联性可能并不显著。

● 从国内设备投资转变为海外直接投资

为寻求新的发展，企业找到的突破口就是在比日本经济增长率高的海外扩大投资。企业进军海外，最初的模式是在日本国内生产然后出口海外。后来开始在海外直接投资，利用海外的生产要素进行生产，然后返销回日本国内或者出口到其他国家、原产地销售等，扩大了销售渠道。在经济全球化进程中，日本不断扩大在海外的生产基地。

对跨国从事商业活动的企业来说，无论是在日本国内投资设备，还是在海外投资建厂或设立办公场所，作为企业经营的判断基准，两种方式的地位应该是同等重要的。但是，在海外进行的投资并不是直接影响国内生产的资本，不属于国内经济活动附加价值的指标范畴，而且也不计入国内产出的资本总额。

关于海外直接投资，有多项问卷调查。其中包含中小企业在内的投资动向调查，可以通过日本政策投资银行的《企业行为意识调查结果》来看海外直接投资额/国内设备投资额这一比例的发展态势（图5-6）。

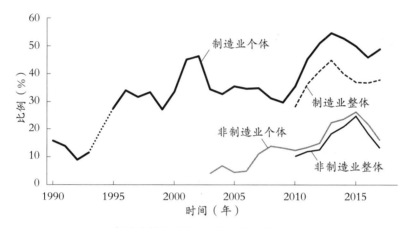

图5-6　海外直接投资额/国内设备投资额的比例结果

数据来源：日本政策投资银行的，企业行为意识调查结果。

来看制造业。在20世纪90年代前半期不足20%，后来慢慢增长，到21世纪初期上升至近50%的程度。20世纪90年代，因海外的廉价劳动力，许多生产基地转移到国外。

根据经济产业省的《海外事业活动基本调查》，这一时期海外生产比率持续上升，原本在1990年只有6%的海外生产比率到2005年已经上升到近20%，是原来的3倍多。

2005年后，海外投资比率再次稳定在30%左右，世界金融危机发生后，再度升高。而且，这一时期不仅仅是制造业，非制造业也在不断增加海外直接投资额。这主要是因为21世纪前十年零部件等中间型产品的海外制造规模不断扩大，且该倾向越来越稳固，国内生产与国外生产一体化的企业内贸易形式不断加强，促进了全球价值链的形成。

根据富浦英一的研究可知，这一时期企业内部贸易比率并没有上升的趋势，这表明企业之间开展了海外生产的相关交易，而不仅是将子公司、工厂转移到海外。

● 从设备投资到企业并购的转变

在设备投资停滞不前的背景下，不通过设备投资也可以获取生产手段的方法之一就是日渐兴盛起来的企业并购行为。

需要注意的是，在国民经济核算中，企业并购并没有被计入作为必需项目的"设备投资"中。买方企业可以认为是自己公司的名义固定资产增加了，但这只是原本就存在的企业股份转到了其他企业名下的金融交易而已，从整体上看，固定资产并未增加。

从企业并购的发展动向可以发现，在21世纪海外直接投资不断扩大的同时，并购海外企业这一途径也被广泛采用。实际上，在企业并购类别中，国内企业并购海外企业的比例渐渐超过了国内企业并购国内企业、海外企业并购国内企业的比例，如图5-7所示。

而且考虑到可以通过拥有及充分发挥人力资本、品牌、技术等无形资产来提高生产率，与具备上述条件的企业并购也成为一种重要的经营手段。实际上，为获得产品技术、生产、服务技术，选择通过企业并购促成自身发展的企业比例也已高于投资设备推动自身发展的企业比例。

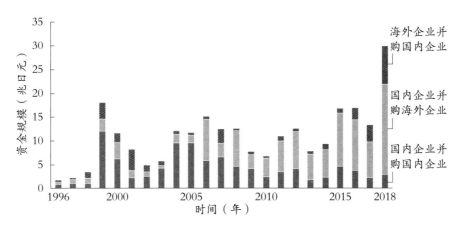

图5-7　企业并购资金规模

数据来源：雷考夫公司[1]的"最低资本回报率"。

如果企业并购成为重要的经营手段，那么企业为了避免将来错失大的并购机会，通常会提前努力提高资金的流动性[2]。这不仅是企业内部储备了高额现金的原因，也成为停止设备投资的原因之一。

---

[1]　日本企业并购咨询公司。

[2]　而且根据 2008 年日本政策投资银行等的分析显示，在 20 世纪 90 年代后半期到 21世纪初期的企业经营状况改善时期，通过企业并购促进财务状况健全化是卓有成效的，这一点不可否认，这也是企业并购得以普及的原因。

更新投资
与全球化

确认了设备投资与经济增长的关联性减弱（谜团3）这一事实，下面来探讨一下主要原因。

通过始于20世纪80年代的发展过程可知，经济规模的扩大、企业价值的上升对提高国内设备投资的影响力越来越小。这主要是因为企业可持续增长率下降，其以提高能力为导向的投资停滞不前，但更新投资的需求在逐步增长。

而且在经济全球化进程中，企业的海外业务不断扩大，与国内业务相比，海外投资比重明显提高，企业越来越倾向于通过企业并购等来实现提高新型生产力。学者普遍认为，自20世纪90年代后半期以来，日本扩大国内需求的期待下降，在此过程中，经济全球化对企业的影响力是巨大的。

专栏10　　市场调控力与价格转嫁

考虑企业定价时，重要的角度之一就是市场调控力。市场调控力越强，用价格/边际成本表示出的加价比率就会越高。但边际成本有多少能转嫁到价格（转嫁效应）中呢？不同形状的需求曲线，转嫁程度会有所不同。

如果需求曲线呈线形或者凹形，那么随着从完全垄断到完全竞争，价格转嫁则从小于100%的数值一直发展到100%结束。当需求曲线呈明显的凸形时，那么就是从大于100%的数值一直发展到100%结束，这在理论上非常明确。如果是日常商品，市场调控力越强，加价比率就会越高，但转嫁效应则会越低。

所以，如果市场调控力强的话，那么即使边际成本，比如工资发生了变化，价格变化也会比预想的更小。这一状况也被认为是价格黏性的成因之一。

德·洛克、艾克霍特以134个国家、7000多家企业为对象进行的研究显示，在过去近40年间，在世界范围内，不同国家的加价比率从1980年的1.07上升到2016年的1.59。该时期欧美国家的上升率很大，美国上升了0.63个点，达到1.73；整个欧洲上升了0.66个点，达到1.64。与之相比，亚洲、拉丁美洲各国的加价比率水平及上升幅度相对较低。日本在该时期上升了0.30个点，达到1.33。

由此可知，以欧美国家为主，因市场调控力强所以价格转嫁率低，应该是其价格黏性的原因之一吧。日本也不例外，但与欧美国家相比，市场调控力的影响相对较弱。

第 6 章

解开消费 /
储蓄之谜

第 6 章主要着眼于家庭消费、储蓄问题。

首先，笔者将再次探讨 20 世纪 80 年代前家庭高储蓄率的背景原因和 80 年代后的变化状况。

其次，结合国民经济核算和家庭户籍调查，立足于对不同年龄阶段、不同出生时代的人群、不同人口的家庭构成的长期观察，对家庭储蓄率走低的原因进行分析。

最后，探究在职中青年从业者与老年从业者的储蓄率发展倾向的差异性。

20 世纪 80 年代前的
家庭高储蓄率

　　正如第2章所述，家庭部门的储蓄率（资金剩余）自20世纪80年代后开始下降。第2章主要介绍了20世纪80年代后的日本经济，但如果以更长期的视角来看的话，会发现日本家庭储蓄率在20世纪60年代至70年代中期呈上升趋势，70年代中期高达20%多，即便与主要发达国家相比，也处于高水平，这一现象在学术界备受关注。但此后，日本家庭储蓄率就一直呈下降趋势，2017年时滑落到2%（图6-1）。与20世纪80年代相比，家庭储蓄率下降速度在20世纪90年代缓缓加速，进入2010年后下降速度减缓，近年来可以说一直处于横盘状态[①]。

---

① 在国民经济核算时，随时可以调整基准及核算方法等。从长期及持续性的比较数据来看，家庭储蓄率平均值20世纪80年代是15.8%，90年代是12.4%，20世纪初期下滑到4.3%，每10年的平均值下滑幅度前者为3.4%，后者为8.1%，后者的变化幅度更大。包括实物转让等在内的家庭调整储蓄率也有同一倾向。1994年以后，持续性比较数值中，21世纪初期的储蓄率为4.3%，2010年后8年间基本维持在2.2%的涨落幅度，由此可见数值在缩小。

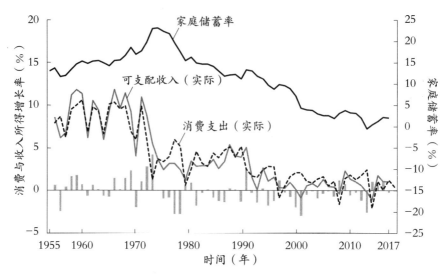

图6-1 消费与收入所得增长率变化

ⓘ 1980年前参照的国民经济账户体系标准为1968年的国民经济核算，1981—1993年是1993年的国民经济核算，1994年后是2008年的国民经济核算。在1993年的国民经济核算之后的数值中，消费是指实际最终消费支出，收入所得是指调整可支配收入+年金基金准备金的变化。2018年度只公布了家庭最终消费支出作为参考值。

数据来源：内阁府，国民经济核算。

● 关于家庭储蓄率下降的先行研究

家庭储蓄率高的典型原因之一就是家庭人口构成（年轻人口结构），基本假说为生命周期-恒常所得假说（Life Cycle Permanent Income Hypothesis，简写为LCPIH）。

这是在经济学教科书中也会被提及的标准理论假说，简单来说，家庭收支就是在决定每天的消费支出时，不仅要考虑当前收入，还要考虑今后乃至一生可能获得的收入，在永久收入所得[①]的预算制约之下，将自己的生

① 指一生赚的钱，此处保留"永久收入所得"的说法。——编者注

涯效用发挥到最大限度。

依据该假说，人们从入职到退休，整个期间都会储蓄，为退休后的生活积累资产。退休之后要依靠消耗该部分储蓄度日，所以储蓄率在工作期间为正值，退休后则为负值。

实际上，对于日本的家庭收支，如果看不同年龄时期家庭户主的储蓄率的话，60 岁前后往往是由正值转为负值的分水岭。因退休人口的增加等，收入水平在户主 60 岁前后会大幅下降，但消费水平则在户主年龄处于 50—55 岁期间达到峰值，之后缓缓下降[1]（图 6-2）。

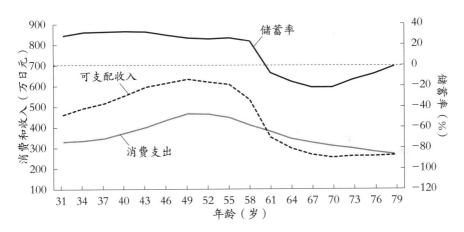

图6-2　不同年龄时期家庭户主的消费、收入、储蓄率

注　家庭成员为 2 人以上。是统合了总务省的家计调查的个人信息后计算所得的平均值（每 3 岁为一个刻度单位）。以消费价格实现。由于自主经营业者无可支配收入，所以不包括在内。

数据来源：村田启子的文章 "*Dissaving by the Elderly in Japan*"（日本老年人不储蓄）。

① 根据家计调查，家庭成员均为在职者的话，即便户主是老年人，平均储蓄率依旧为正值，但收入水平会随着年龄的增长逐渐下降。但老年家庭整体的平均消费水平会随着年龄增长缓缓下降，而平均收入水平到 70 岁则不再下降，所以储蓄率在 75—79 岁再次接近零值。这一倾向和生命周期 – 恒常所得假说并不矛盾，在老龄化进程中，退休后的老年家庭成员的消费行为也有与年龄相对应的特征。

20世纪60年代至70年代，日本的人口结构依旧是年轻化的，所以"储蓄家庭人口"居多，仅依据生命周期–恒常所得假说来推算家庭收支情况的话，也是能够促进宏观储蓄率的。

20世纪70年代，日本的家庭储蓄率超过了20%，在世界范围内也处于高水准，但后来出现大幅下降。主要原因如前所示，查尔斯·堀冈从以下几方面进行了解释：预期收入未达到期望值导致家庭储蓄率下滑；人口老龄化；政府养老金制度完备；消费者信用市场发展迟缓；奖金制度；政府养老金支出额度低；储蓄优惠制度的取消等，他还特别指出人口老龄化这一原因的影响力今后会更加明显，可能引起储蓄率下滑，应该给予重视。关于老龄化导致储蓄率下滑这一观点，在之后的研究当中也都得到了一定程度的支持。

老龄化是储蓄率下降的一个重要原因，如果基于20世纪70年代之前老龄化问题已经提上日程这一事实，那么单纯以此来解释日本家庭储蓄率下降或许还不够充分。

关于这一点，20世纪90年代中期以后，总务省的家计调查公布了老龄无业家庭的可支配收入，查尔斯·堀冈以此为基础，指出老龄无业家庭的储蓄率不仅仅为负值，而且还呈现持续走低的态势。岩井左子和冈田圭子指出，家庭储蓄率自20世纪90年代后半期（1998年以后）大幅下落，到2010年前后再度呈现缓和趋势，形成这一非线性动态的主要原因除了增长率低迷（收入增长低迷），还包括户主年龄在60岁以上的家庭储蓄率低下。

● 国民经济核算与家庭结构调查的结合

如果聚焦于老龄化问题来分析其对家庭储蓄率的影响的话，根据宏观经济统计（国民经济核算），不同年龄家庭成员的家庭消费、收入等尚不清楚，所以还需要其他统计来进行补充、替换。

其中一个研究路径就是在由国民经济核算中得出的总值即家庭储蓄率中导入由人口动态要素所组成的参数，进行推算、判断。[1]

另一个研究路径是基于每个个体家庭（微观数据）。从总务省的家计调查及全国消费实态调查中的家庭收支一项进行的调查来看，可以通过户主的年龄来分析消费、储蓄动向。

从中可以发现，储蓄率在前者（宏观统计）和后者（家庭调查、微观数据）的统计中，由于变量定义的差异，从程度到发展倾向都是存在差距的。

作为填补前面空白的一项尝试，河越正明和前田佐惠子在浜田宏一研究的基础上，利用全国消费实际情况调查中获取的每个家庭的消费、收入、家庭属性等信息，尝试将宏观经济水平与家庭收支（微观）水平的消费及收入结合起来，由此构建适合国民经济核算框架的家庭收支计算方法（国民经济核算中的家庭收支部分是按照家庭属性划分的不完全宏观数据计算的）。

河越正明和前田佐惠子在研究结果中指出，在1989—2009年家庭储蓄率一路下滑期间，人口老龄化这一原因虽然在后半期起到了主导作用，但其影响力也只占3成（从整个期间来看的话不到2成），老龄无业家庭储蓄率下滑的影响力占比则接近6成。

宇南山卓和大野太郎也是根据全国消费实际情况调查，从同样的角度出发进行了试算，指出在1989—2009年储蓄率一路走低的过程中，人口结

---

[1] 古贺麻衣子认为日本家庭收支可以通过年轻家庭的消费倾向高于中老年家庭这一点，说明因人口结构因素而形成凸形储蓄率。

构变化这一因素占比只有20%左右，80%都是其他原因，其中老龄人口家庭储蓄率低下的影响很大。

山崎朋宏和酒卷哲郎在河越正明和前田佐惠子及浜田宏一研究方法的基础之上，对耐用消费品的高额消费进行了调整、完善，扩大了研究对象的时间跨度，改为1984—2014年。因此，后文将会介绍山崎朋宏和酒卷哲朗的研究结果，进一步探讨家庭储蓄率下滑的背景原因[①]。

---

① 需要注意的是，在这里将国民经济核算与家庭调查相结合，使用的是可统计试算方法。例如，全国消费实际情况调查是优先考虑作为调查对象的家庭数量的，同时，获取的消费数据也不过是9月、10月、11月3个月（单身家庭是10月、11月）的数据。在此介绍的先行研究中，还处于通过按照季节类型划分的家庭收支调查来推算年消费的阶段。季节类型因家庭属性的不同会有所差异，基于此点得出的结论和家庭属性的设定存在极大的关联性。

家庭储蓄率低下的
原因

● 不同年龄阶段的储蓄率动向（整体家庭）

山崎朋宏和酒卷哲朗依据先行研究，使用从全国消费实际情况调查
（1984—2014年，每5年一次）中获取的每个家庭的消费、收入等情况的问
卷调查，对每个家庭的经济变量信息进行整合，使之符合国民经济核算的
定义，按照不同的家庭属性，使用总务省用于统计的倍率方法求得宏观数
值（家庭收支账目）[①]。作为不同家庭属性的数值，按照年龄（每5岁为一
个刻度单位）及收入水平层次（10分位数）公布了计算结果。

山崎朋宏和酒卷哲朗基于家庭户主年龄层次分析储蓄率发展倾向，由
他们的研究可以发现：20世纪80年代中期以后，整体的平均储蓄率长时间
处于大幅下滑的态势（1984年22.1%，2014年5.8%），不同年龄层次的家
庭户主的储蓄倾向相差甚远[②]。首先，将目前应该依旧在职、未满60岁的家
庭户主，进行1984年和2014年的对比，发现50—59岁这个年龄层储蓄率是

---

① 对于该结果产生的偏差，则是利用不同属性的推定值比率按比例进行了分配。

② 山崎朋宏和酒卷哲朗（2018）推算的仅仅是1999年以后的纯储蓄率，本节使用的是
总储蓄率的结果。

下降的。比他们年轻的一代的储蓄率则基本上持平或者微微下落。而且，50—59岁的一代人在1984—1994年储蓄率也处于下降状态，不过泡沫经济崩溃、1994年以后其储蓄率并未横盘不动，而是停留在小幅下滑的态势中（1984年24.3%，1994年14.2%，2014年13.5%）。同样，35—49岁这一代的储蓄率在20世纪80年代也多少出现了下降，但1994年以后虽有波动，但基本处于横盘状态（1984年25.2%，1994年22.6%，2014年22.4%）。年轻一代（34岁以下）稍稍下滑，但后来出现了大幅下滑时期，不过2014年的数据超过了1994年（1984年20.1%→1994年19.8%→2014年23%）（图6-3a）。

另外，老年家庭（户主年龄在60岁以上）中，无论哪个年龄段，与1984年相比，2014年的储蓄率都是大幅下降的。而且，1984年至1994年，储蓄率是上升趋势，但以1994年为界开始出现大幅下降趋势（60—64岁：1984年14.9%，1994年17.6%，2014年6.6%；65—69岁：1984年12.0%，1994年23.2%→2014年13.8%；70岁以上：1984年11.5%→1994年29.9%→2014年17.4%）（图6-3b）[①]。

因此，长期储蓄率下滑的主要原因包括两方面：一是在职家庭储蓄率下降致使20世纪80年代中期（1984年）到90年代中期（1994年）储蓄率稍稍下降；二是人口老龄化，加之老年家庭储蓄率下滑导致90年代中期（1994年）以后家庭储蓄率下降。

在表6-1中，笔者尝试效仿河越正明、前田佐惠子，将储蓄率的长期发展情况分别从不同年龄层次的家庭结构比例变化和各年龄阶段内的储蓄率

---

① 以上趋势与总务省的家计调查（也包括归属房租在内，家庭成员为2人以上）的数值是一致的。而且，老年家庭、特别是60—64岁这一年龄段的储蓄率之所以在1989—1994年比在职家庭还高，主要是因为在泡沫经济时期存款利息上升带来财产收入递增，提高了可支配收入部分。

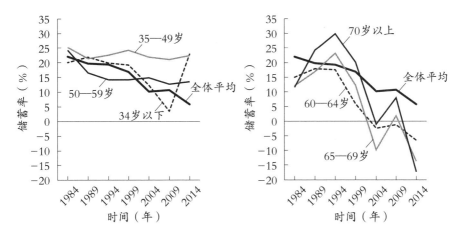

图6-3a　未满60岁户主的储蓄率　　　图6-3b　60岁以上户主的储蓄率

ℹ️ 图6-3a中将年龄阶段整合为3组，使用的是总务省的国情调查中不同年龄阶段的家庭的数量。

数据来源：山崎朋宏和酒卷哲朗（2018）制作。

表6-1　总储蓄率变化的年龄差别原因分解（试算）[①]

	储蓄率变化（%）	储蓄率变化原因（年龄阶段内原因）					人口结构变化原因
		34岁以下	35—39岁	50—59岁	60—69岁	70岁以上	
1984→2014年	−17.5	0.1	−1.4	−2.7	−4.1	−3.6	−5.8

ℹ️ 通过下列公式得出的原因分解结果。

$$\Delta\frac{S_t}{Y_t} = \frac{S_t}{Y_t} - \frac{S_{t-1}}{Y_{t-1}} = \sum_{i-1}^{10}\left[\Delta\frac{S_t}{Y_t}\times\frac{1}{2}\left(\frac{S_t^i}{Y_t}-\frac{S_{t-1}^i}{Y_{t-1}}\right) + \Delta\frac{S_t^i}{Y_t}\times\frac{1}{2}\left(\frac{S_t^i}{Y_t^i}-\frac{S_{t-1}^i}{Y_{t-1}^i}\right)\right]$$

数据来源：山崎朋宏、酒卷哲朗、河越正明、前田佐惠子、总务省的国情调查。

①　在原因分解中，不同年龄阶段的储蓄率和家庭结构都发生了相应变化，所以在二者变化的同时也会出现变化重合的部分。河越正明、前田佐惠子是将各自发生重点变化的时期假定为均一来处理这些复合部分的。

变化两部分进行说明。1984年以后一直到2014年储蓄率持续走低，在此期间，人口结构变化带来的影响作用为5.8%左右，占比3成多。另外，不同年龄阶段的储蓄率下降带来的影响也不小（各年龄阶段内部），但可以看出其中老年家庭储蓄率低下的作用占比最大[①]。因此，下面来探讨一下不同年龄阶段的储蓄率变化的主要原因。

● 不同年龄阶段的储蓄率变化之原因

为寻找不同年龄阶段家庭的储蓄率变化原因，需要来看一下和图6-3a和图6-3b不同年龄阶段的储蓄率相对应的可支配收入及消费支出倾向。图6-4a、图6-4b、图6-4c、图6-4d考虑了家庭成员人数的变动，显示的是等价换算后的收入、消费。

首先来看一下在职年龄阶段的人群（户主未满60岁的家庭），在50—59岁这个年龄段，无论是消费还是收入都是增长趋势，从1984年到1994年储蓄率下降是因为该时期的消费增长超出了收入增长水平，但1994年以后，消费与收入是协调增长的，储蓄率并非不动，出现少许下降。35—49岁这个年龄段，截至1994年收入呈增长趋势，1994年以后开始下降，但消费也同样转为下降趋势，最终储蓄率停留在小幅变化状态。

另外，年轻一代（34岁以下）的收入在1984年到1994年是下降趋势，此后一直未有明显上下波动，消费也同样在1994年前是下降趋势，此后能

---

① 在此所说的人口结构变化原因，也包括不同年龄阶段的个体家庭平均收入的变化影响。

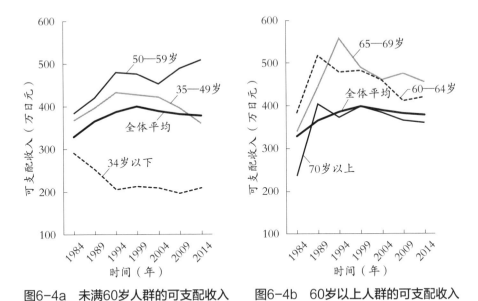

图6-4a　未满60岁人群的可支配收入　　图6-4b　60岁以上人群的可支配收入

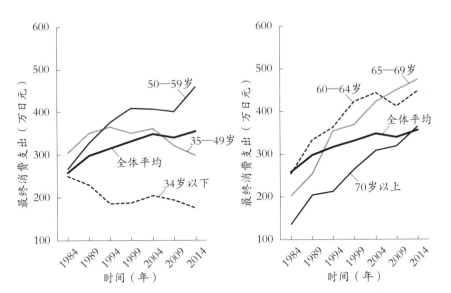

图6-4c　未满60岁人群的最终消费支出　　图6-4d　60岁以上人群的最终消费支出

❶ 取家庭成员人数的平方根，然后相除，求等价收入、消费。以国内家庭消费支出平减指数（设定2011年=100）体现。

数据来源：山崎朋宏、酒卷哲朗（2018）、总务省的国情调查、内阁府的国民经济核算，数据大致从20世纪80年代开始。

看到有波动，但长期来看是少许下降的（图6-4a、图6-4c）[①]。

老年家庭（60岁以上）中，收入在80年代后半期是增加的，但60—64岁及70岁以上人群以1989年为界、65—69岁人群以1994年为界，转为减少趋势。但是消费支出基本是一直增加的，因此也导致了储蓄率大幅下滑（图6-4b、图6-4d）。

根据上述结果，老年家庭在20世纪90年代后收入虽然没有增加但消费一直在增长；未满50岁的人群则是收入不增加会相应抑制消费；而50—59岁这一代人则可以说是处于中间地带。

● 可支配收入增减的原因（整体家庭）

在职群体的实际可支配收入，特别是未满50岁的年龄群体，以1994年为界发生了改变，据此来看一下1994年之后可支配收入的变化细目。

首先是劳动者薪酬。40—60岁这一代人呈增加趋势，但年轻劳动者群体（30—39岁）呈下降趋势，特别是35—39岁年龄段群体的薪酬锐减（图6-5）。

正如第3、第4章所说，泡沫经济崩溃后劳动者的薪酬有微弱的波动，但这个波动对不足40岁、特别是35—39岁的劳动者影响很大。这应该主要是因为如图6-4a所示35—49岁群体的可支配收入减少造成的。

同时，在泡沫经济崩溃后的经济低增长期，男性就业率长期处于下降状态，但60—64岁男性在2010年前由底部逆袭转为上升态势，这一年龄群体就业率上升也有可能推动了从业者报酬的增长。

---

① 该结果是分析了2017年《厚生劳动省白皮书》基于国民生活基础调查得出的不同年龄等价可支配收入，并将1997年以后呈减少趋势这一事实进行了统一整合。

　　除此之外，基本上所有年龄段的人都面临着经营利润、混合型收入减少的状况，这或许是因为自主经营业者数量减少、地价下落导致房租下降引起的。60岁以上老年人群体的财产收入减少现象格外显著。1994年利息高，当时持有大量货币资产的老年家庭可以获取包含利息收入在内的多种财产收入，但后来开始逐步减少。

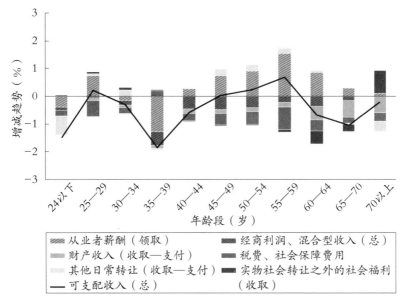

图6-5　不同年龄阶段人群的可支配收入的增减原因
（实际等价可支配收入的变化与影响程度）

数据来源：山崎朋宏、酒卷哲朗（2018）、总务省的国情调查、内阁府的国民经济核算，数据大致从20世纪80年代开始同前图。

● 不同年代群体的平均家庭收入、消费动向（整体家庭）

　　前文对不同的年龄阶段进行了相应的分析，下面通过图6-6a和图6-6b看一下不同年代群体的实际可支配收入的情况，可以发现在1955—1959年出生的群体中，越年轻的群体，该部分越呈增长趋势，但也以此群体为分水岭，此后出生的人群中，则是越年轻的群体实际可支配收入越呈下滑趋势（图6-6a）。在紧靠分水岭的1960—1964年出生的群体大都是在20世纪70年代末到80年代前半期结束学业开始工作的（高中毕业在1979—1983年，大学毕业在1983—1987年），大学毕业者大都在工作后5—10年便迎来了泡沫经济的崩溃。

实际消费和收入一样，在截至1955—1959年出生的群体中，越年轻的群体，该部分越呈增长趋势；而且也和可支配收入一样，以1955—1959年出生的群体为分水岭，此后出生的人群的消费呈减少趋势，收入与消费基本上是同样的模式（图6-6b）。

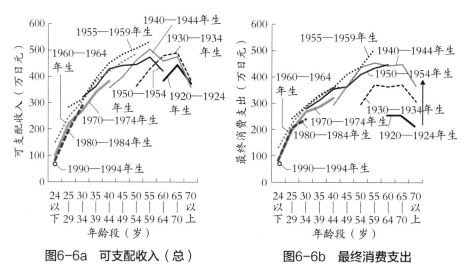

图6-6a　可支配收入（总）　　　　图6-6b　最终消费支出

❷ 为避免图表过于复杂，除没有显示分水岭，即1955—1959年出生群体，每个年代后半期出生的群体在此都省略了。

数据来源：同前图。

60岁以上的群体，至少到目前为止消费涨幅是远远高于收入涨幅的。但1950—1954年出生的一代人进入50岁后，消费则低于1940—1944年出生的群体，在收入上也是同一特征。

以1955—1959年出生的一代为界、反映可支配收入变化的趋势图能够体现出基本的收入（工资、薪酬）动向（图6-7a）。但是，1959年之后出生的人群收入下滑倾向要小于可支配收入，可以看出税费、社会保障费用等抑制了该群体在年轻时期的可支配收入（图6-7b）。在泡沫经济崩溃后，苦于收入增长乏力问题的同时，各种费用负担还在相对增长，这都引发了可支配收入减少的问题。

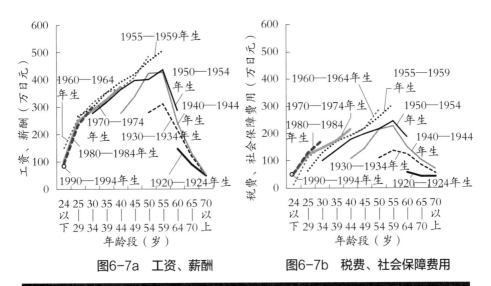

图6-7a　工资、薪酬　　　　图6-7b　税费、社会保障费用

数据来源：同前图。

● 不同类别家庭（在职、无业、单身家庭）的储蓄率动向

在本节中，运用山崎朋宏和酒卷哲朗的试算结果，按照不同年龄阶段看一下家庭消费、收入及储蓄率。这些数值必须整合户主年龄之外的特点（例如户主的就业状态、是否是单身家庭等）才能获取综合数据并将其作

为全体家庭的数值。

因此，拟根据全国消费实际情况调查公布的数值，尽可能分为2人以上家庭和单身家庭、在职家庭和无业家庭两大类来看储蓄率的长期发展趋势[①]。

首先来看一下在职家庭（户主未满60岁的家庭），可以发现无论是2人以上的家庭，还是单身家庭，在职家庭的储蓄率发展倾向都是相似的，20世纪80年代中期以后缓缓上升，从1994年到1999年平均来看是横盘状态。与2人以上的家庭相比，单身家庭的储蓄比率增长得更多，但就长期趋势来看，两者之间的差距并不大（图6-8a）。

老年家庭（60岁以上）中，2人以上的家庭和单身家庭的发展倾向，如果按照户主的就业状态（在职还是无业）来划分的话也是类似的。在职家庭在20世纪80年代是呈上升趋势的，但之后长期处于下降趋势。无业家庭的储蓄率则是2人以上的家庭和单身家庭均处于下降趋势[②]，如图6-8b所示。

---

① 在全国消费实际情况调查中，消费期间为9月至11月（单身家庭为9月、10月两个月），在前一节介绍的以山崎朋宏、酒卷哲朗（2018）为主的研究中，是以家计调查为基础、在消费部分进行相应的季节调整，并且对年数据进行了一定的补充，尽力调整到符合国民经济核算的定义。但因为其中包含个例信息，所以这里不进行前述整合。因此，在在职家庭部分，不包含奖金、奖金发放月的消费等。另外，领取养老金的家庭这一部分，领取月份通常为偶数月，所以收入与年均相比会少，储蓄率也比实际情况偏低。需要考虑以上因素，但如果不是看水平，只是某种程度来把握长期的变化，还是具有参考价值的。

② 在2人以上的无业家庭中，可以看到2014年储蓄率出现上升，与2009年相比，因养老金发放增长带来可支配收入增加，所以储蓄率上升。养老金增加可能是为了缓和2014年提高消费税带来的影响而实施的简单的发放措施（临时福利发放金）。该发放金因为需要申请，所以很难确定发放的月份，在该年度市、町、村的民众缴纳的税金中加算了非纳税人每人1万日元、养老金申领人每人5000日元。

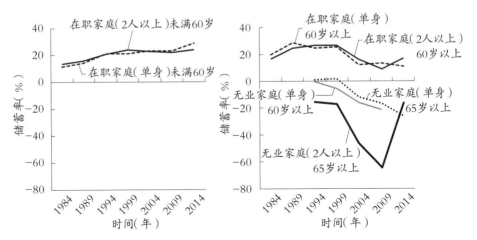

图6-8a　未满60岁的不同类别家庭的
储蓄率

图6-8b　60岁以上的不同类别家庭的
储蓄率

数据来源：总务省，全国消费实际情况调查。

　　2人以上的在职家庭在所有家庭中所占的比例从1994年的52.7%降到2014年的37.8%，下降幅度很大。而且，在该类家庭中，在职家庭成员（户主未满60岁）虽然占了大部分，但因60岁以上人员的就业率一直在上升，所以该占比也一直在下滑（1994年91.7%→2014年79.4%）。除2人以上的在职家庭外，在其他类型的家庭中，老年家庭（60岁以上）占比达三分之二（1994年49%→2014年68.6%）。

　　可以说，以上结果与图6-3a和图6-3b显示的不同年龄阶层的储蓄率发展动向是一致的。首先看一下2人以上的家庭。储蓄率没有下滑趋势的2人以上在职家庭（未满60岁）比例下降，但出现储蓄率下滑趋势的同类家庭（60岁以上）比例上升，再加上储蓄率负增长的高龄无业家庭比例上升，这些因素综合在一起导致家庭部门收支的总储蓄率下降。

单身家庭在所有家庭中占比从1994年的20.4%提高到2014年的31.2%，但详细来看的话，无业家庭超过了半数，老年人无业状况一目了然。在职单身家庭（未满60岁）储蓄率下滑现象比例没有显示下降，出现储蓄率下降趋势的其他类别的家庭比例上升，以上特征与2人以上的家庭基本相同，单身者的情况也与按年龄阶段划分的动向是一致的。

● 近期动向

在全国消费实际情况调查中，2014年是最新数据，2014年后不同年龄群体的状况则是通过家计调查来了解的。在职家庭的储蓄率虽呈锯齿状，但相对年轻的年龄层还是呈上升趋势的（图6-9a）。另外，高龄无业者家庭的储蓄率虽有波动，但在2014年左右开始出现停止下滑的征兆（图6-9b）。

由家计调查来看，自2014年前后开始，在在职家庭中，以年轻群体为中心的储蓄率显示出增长势头，即便是年长群体的家庭，储蓄率也呈现出停止下滑的倾向。同一时期，所有类型的家庭都呈现出相同的趋势，这很有可能是因为当时的某些事件，特别是2014年4月提高消费税带来的影响[①]。

根据以上分析，1994年至2014年家庭储蓄率下降的原因中，按照不同年龄阶段归纳出的特征，可总结为以下几点：

第一，就是在先行研究中也提到过的老年家庭储蓄率大幅下降（不同家庭类别中提到的原因）。原因之一就是收入无波动，消费却在增长。

----

① 需要特别指出，在职家庭中，自2014年以后，实际等价消费基本是横盘不动的状态，但实际等价可支配收入无论在哪个年龄阶段的群体都是微微增长的，考虑有可能是暂时性收入增长。

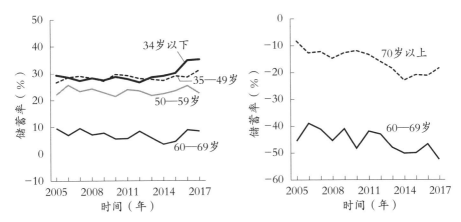

图6-9a　2人以上在职家庭不同年龄
阶段户主的储蓄率最新动向

图6-9b　2人以上高龄无业家庭不同
年龄阶段户主的储蓄率最新动向

注　房租调整后。

数据来源：根据总务省的家计调查制作。

第二，在职群体储蓄率虽有变化，但长期来看依旧处于横盘状态。只是五十几岁这一代的收入和消费均呈增长趋势，但比他们年轻的群体中，35—39岁的人群呈收入和消费同时减少的态势，34岁以下的群体则是收入和消费均无变化。

第三，仅通过全国消费实际情况调查获取的信息来看，在职家庭中无论家庭成员是2人以上还是单身者，储蓄率的走势都十分相似，在职单身家庭的增加似乎对储蓄率没有太大影响。

而且，2014年以后的家庭储蓄率在国民经济核算中不但已经停止下降，甚至还出现微微上浮。这与家计调查中显示的在职家庭储蓄率上升及高龄无业家庭储蓄率停止下降的情况是一致的。

在职中青年与老年人储蓄率变化差异的原因

如同上一节分析的那样，在家庭储蓄率整体下降的过程中，老年家庭的储蓄率呈下降趋势，而在职、年轻群体的储蓄率在20世纪90年代中期以后长期无变化，近年来终于有了些许上浮①。这一现象可以称为"谜团4"。应该如何看待这一谜团呢？

第一，如果将在职、年轻群体近来储蓄率提高的原因归结为只是最近暂时性收入增加，消费并未随之增加，那么储蓄率即便上升也并非什么不可思议的事情。只是这无法说明长期的发展趋势。

第二，也有可能是因为在职、年轻群体对未来怀有不安或者为应对日渐增加的不确定性等而做出的准备，所以导致储蓄率增长。所谓的不确定性及对未来的不安，主要包括失业、租金上涨、养老金减额、疾病、灾害等各种情况。

---

① 这一倾向在总务省的家计调查（2人以上家庭）中也得到了证实。在家计调查中也显示出相同倾向：户主为50—59岁的家庭储蓄率较低，35—49岁和34岁以下的户主较高。储蓄率在不同的年龄阶段群体会有所差异，但35—49岁及不足35岁的群体长期处于无波动或微微上浮的状态（1994—2014年约2%—3%）。另外，50—59岁这一年龄段群体变动较大，但可以看到也只是有些许下滑。

例如，在询问持有货币资产的原因时，备受关注的年轻群体家庭的回答如下："以备疾病及无法预料的灾害""无特定目的，只是有存款才安心"。在目的为"未雨绸缪型存款"的回答中，以上两种回答占比很高。但是并没有持续上升的态势，反而有所下降。"老年生活资金"这一回答的比例现在反而持续上升（图6-10）。

因此，只看这个结果的话，似乎很难用"未雨绸缪型存款"来解释为什么在职年轻群体的储蓄率上升。

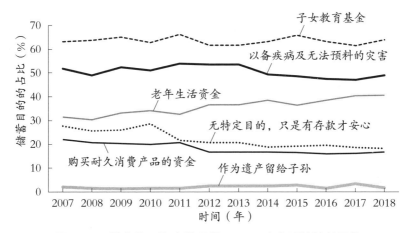

图6-10　持有货币资产的目的20—49岁人群的储蓄目的

注 最多可以选出3个答案。上图显示的是位居前5名的回答（2007年和2018年是一样的）及"作为遗产留给子孙"一项。除此之外，还有"旅行、娱乐资金""购买住宅或改建住宅资金""纳税资金""子女结婚基金""其他"。

数据来源：金融广报中央委员会，关于家庭财政行为的国情调查（2人以上家庭）。

而且，对于这种预备型存款有以下研究。在国外的研究中，德·纳尔迪（De Nardi）等人指出："在美国，老年人通常是为了支付医疗费用及晚年入住养老院的费用而预先存款。"在日本，村田启子指出：日本均通过保险制度来支付医疗费用，个人承担的份额很小，由此来看，为支付老年时期的医疗费而进行预备型存款的必要性要低于美国。这与老年家庭储蓄率持续下降的事实也是相符的。

第三，因预期增长率下降，年轻群体和老年人群体对永久收入所得的看法有可能会对相应的消费、储蓄行为产生不同影响。

日本的家庭收支基本上遵循生命周期–恒常所得假说，这一观点在很多论文中也得到了支持。但是在增长率持续低迷的过程中，如上一节所示，年轻群体的可支配收入呈现减少趋势，即便按照年龄层来划分，依旧显示越年轻的群体，收入水平越低。

在增长率下降、财政赤字不断扩大的情况下，家庭收入预期增长率不断下降，这无疑也将会体现在每个人的预期永久收入所得中。主要包括因薪酬下降导致永久收入所得减少，未来社会保障方面（养老金）的领取金额削减也基本上是确定的了，从这两方面来看，永久收入所得是会减少的。

对这一点进行严密论证时发现：每个个体家庭的永久收入所得是难以从统计中获取的，个人永久收入所得的问卷调查则显示，越是年轻的群体对永久收入所得的期望值越低（图6-11）。这应该是因为目前的收入较低，所以对未来也持保守态度。

根据以上结论，例如在职群体认为今后经济依旧处于低增长状态，所以自己的薪酬也难以提高，在这种情况下，在在职群体中，年轻人未来收入在永久收入所得中所占比重自然比老年人要大，所以即便是对未来同样的预测，还是对在职年轻群体的未来收入影响更大，因此他们会按照永久性收入来消费，消费水平自然会更加低迷。因此，这有可能带来储蓄率上升。

这一结论应该能很好地说明了在职年轻群体和老年人群体储蓄率的发展趋势之所以不同的原因。

关于老年家庭储蓄率下滑这一点，正如在前文图6-4b和图6-4d所显示

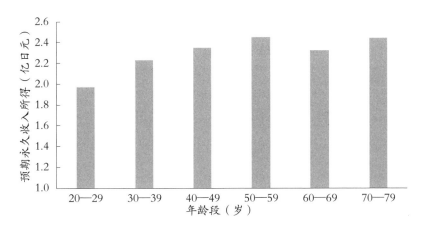

图6-11　不同年龄段对自己的永久收入所得的预期

ⓘ　询问个人预期的永久收入所得（与配偶的合计金额）。除去上下各1个百分点后，
各年龄阶段的平均值。

数据来源：根据"第2次关于家人与家庭生活的问卷调查"（2013年）的个人问卷
制作。该调查参考的是堀雅博等人的研究。

的那样，在收入不变甚至减少的情况下，消费却在增加。但按照不同年代
的群体来看的话，则如图6-6a和图6-6b所示，至少目前的老年人比现在的
年轻群体（特别是在他们度过的到目前为止的时期内）收入高，消费也比
现在的年轻群体高。之所以这样，其中一个原因可能是他们工作时的高收
入（永久收入所得也高）起到了推动作用。

　　总之，如果按年代来看，他们都按照适合自己的方式消费，这与生命
周期-恒常所得假说也是吻合的。

在职中青年
期望值不足

伴随着人口结构的变化，家庭储蓄率的长期动向能够反映出不同属性（是否是在职家庭、是否是中青年群体）家庭的动向差异。老年家庭储蓄率下降，年轻群体基本无变化但最近有所上升，这一特征可以理解为：在职的年轻群体毫不掩饰地表露出对家庭未来收入增加一事期待很低。可以说"低增长、低温经济的自我实现"已经显现在消费、储蓄行为中了。

老年人群体比之前的一代人消费更胜，也更热衷于享受富裕的生活，但在职的年轻群体无论是收入还是消费，都比上一辈更受抑制。储蓄率一路下滑的老年人乐观地认为，在自己活着的时候，经济短期内不会糟糕到哪里去。但对于余生尚长的在职年轻群体来说，站在一个长期的视角上，他们对未来是感到悲观的。换言之，就是"可以逃脱的"老年人与"无路可逃"的在职年轻群体之间形成了明显的反差对比。

安倍经济政策实施后，尽管在实施时间内人们的收入有所增加，但依然难以让人联系到家庭预期的永久收入所得会随之增长，大家普遍认为那不过是暂时性增长，所以导致整体消费并没有增长。

设备投资和个人消费是主要的需求项目，可以说是能清晰反映个人、家庭、企业的未来期待的一面镜子。根据以上家庭收支现状，需要重视的是应该进行旨在提高未来经济的预期增长率，即潜在增长率的结构性改革，另外供给方出台政策也很重要，这样才能真正刺激消费。

专栏 11　　家庭结构的改变

　　因少子老龄化及社会观念的变化，不同家庭结构的分布比例也随之产生了变化。根据总务省的国情调查，单身家庭在1980年约占2成（19.8%），但到2015年则大幅增加至34.6%（上升了14.8个百分点）。与之呼应，夫妇加孩子的两代家庭的数量也持续减少（1980年42.1%→2015年26.9%，减少了15.2个百分点）。三代同堂（夫妇2人与父母及孩子，也包括其他亲人）家庭的数量也在减少（1980年14.6%→2015年4.1%），但只有夫妇2人的家庭在增加（1980年12.6%→2015年20.1%）。

　　在家庭消费、储蓄趋势方面，过去是"2人以上的在职家庭"的趋势最具有代表性。这种家庭结构的比例在泡沫经济崩溃后的1994年保持在半数以上，但后来不断下降，到2014年已经不足4成。另外，无业家庭在增长，这主要是因为老龄化退休的家庭数量在增长。单身家庭及无业家庭与在职家庭相比，收入、消费水平都要低，但重要性却在上升。

专栏 12　　总储蓄率与纯储蓄率

根据国民经济核算得出的家庭储蓄率，包括总储蓄率、纯储蓄率和调整储蓄率，纯储蓄率是储蓄率的一般指标[1]。

总储蓄率和纯储蓄率的差别在于，作为分母的可支配收入中使用的是包含固定资本消耗（扣除前）的"总"基数，还是不包含其在内（扣除后）的"纯"基数。调整储蓄率则进一步地包含"实际最终消费"，即在消费和可支配收入（"纯"基数）中不承担如医疗费、教材费等费用，但实际上是由家庭收支支撑的商品服务实现的。

山崎朋宏和酒卷哲朗因为只是计算了1999年以后的不同年龄阶段的纯储蓄率，所以本节中不探讨纯储蓄率，而是探讨总储蓄率。首先我们来看一下总储蓄率和纯储蓄率的发展变化。

纯储蓄率从分子（储蓄）、分母（可支配收入）中都扣除了固定资产损耗，所以总储蓄率与纯储蓄率之差主要反映为水平之差。实际上，两者的储蓄率发展都是呈下降趋势的（图6-12）。从1984年到2014年，总储蓄率下降了16个百分点（21.8%→5.8%），而纯储蓄率则下降了17.4个百分点（16.7%→-0.7%）。家庭部门的固定资产损耗主要是住宅资产的损耗比重大（占7—8成），如果着眼于个体家庭，总储蓄率和纯储蓄率的差异则应该主要是体现在房产多的老年家庭中。

---

[1]　也有观点认为应该重视调整储蓄率，即因家庭收支的实物转移而出现的再分配现象考虑在内。

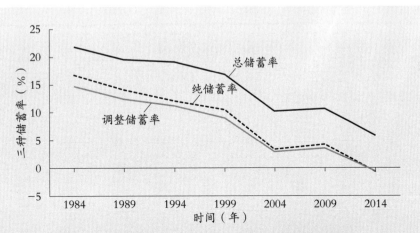

图6-12　总储蓄率、纯储蓄率、调整储蓄率的发展变化

🈲 1984年、1989年依据的是2009年度国民经济核算，1994年后依据的是2008年度国民
经济核算。

数据来源：内阁府，国民经济核算。

第 7 章

平成时代的
财政、货币
政策

第 7 章将回顾平成时代的财政、金融政策。首先聚焦财政政策讨论日本的财政状况，其次重温金融政策的发展变迁，最后探讨于 2013 年开始实施的"安倍经济学"。

政府债务膨胀的原因：
财政的可持续发展

● 财政状况的变迁

通过财政收支的国际比较来看一下日本的财政状况（图7-1）。在20世纪80年代后半期的泡沫经济时代，日本处于飞速上升期，即使是在七国集团中，日本也是表现最优秀的成员国。

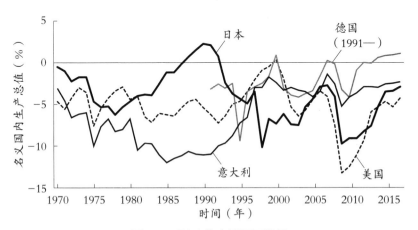

图7-1　财政收支的国际比较

注　20世纪70年代依据经济合作与发展组织的推算。

数据来源：经济合作与发展组织，经济展望数据库。

　　但是进入20世纪90年代，赤字迅速扩大，在七国集团中沦落到最糟糕的境地。21世纪初，经济有所复苏，赤字切实缩小，但在2008年世界金融危机时再次扩大，之后的改善速度与七国集团中的其他国家相比一直较迟缓，赤字幅度之大仅次于美国。

　　最终，日本的债务余额比率在泡沫经济时期是下降的，但此后一路上扬，到20世纪90年代后半期已经超过了曾位于七国集团债务余额比率榜首的意大利，如图7-2。此后继续上升，到2010年后已经超出200%，是七国集团集团中其他几国平均水平的两倍。从国际比较的角度来看，称之"水平异常"也并非言过其实。

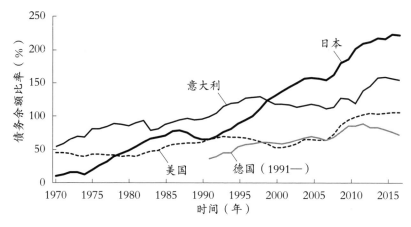

图7-2　债务余额的国际比较

❶ 20世纪70年代依据经济合作与发展组织的推算。

数据来源：经济合作与发展组织，经济展望数据库。

　　将这种异常现象放在日本的历史经验中来看也是一目了然的。即便追溯到明治时代，可以和目前这种债务余额比率相提并论的也只有"二战"时期了。财政状况已经恶化到与战时相匹敌的地步，我们必须意识到这是一种非正常现象。

● 财政恶化的原因

那么，究竟什么原因导致财政状况恶化到如此田地呢？下面以财政状况得到最有效改善的泡沫经济末期、平成时代初期为起点，来看一下国家预算中的年度支出、收入变化（图7-3）。

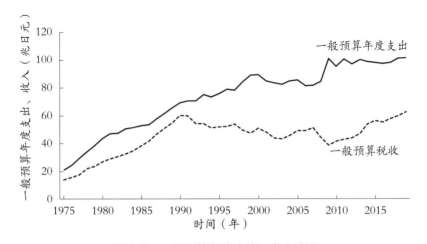

图7-3 一般预算年度支出、收入变化

❶ 截至2017年度使用的是决算数据，2018年度是第2次追加预算数据，2019年度最初基本预算数据（年度支出包含临时性、特殊性措施，除去该部分的话，支出为99.4兆日元）。

数据来源：财务省，预算/决算。

一方面，先来看一下时间序列的发展变化，年度支出在21世纪明显看出是抑制增长，但基本趋势还是增加的。2008年世界金融危机时，年度支出大幅增长，此后也一直维持在高位。另一方面，年度税收在20世纪90年代以后因经济增长速度缓慢（特别是名义增长率低迷）而呈现缓缓下降趋势，进入2010年后才开始增长，终于在近几年恢复到1990年时的水平。

年度支出与税收的这种发展趋势，如同虎口大张。也就是说，在过去30年间，年度支出持续增长，但税收水平没变。这样的话，财政状况恶化也可以说是情理之中的事情了。

那么，在平成时代的年度支出中，是哪一部分在增长呢？年度支出由1990年的66.2兆日元增至2018年的97.7兆日元，增加了31.5兆日元（最初基本预算对比），其中社会保障费用增加了21.4兆日元，国债费用（国债偿还及利息支付）增加了9兆日元，基本上占了增长的全部（合计96.5%）。除此之外，还包括公共事业、教育、国防等社会保障之外的支出增长，但地方交付税、交付金的增长额微乎其微，分别是0.9兆日元、0.2兆日元。

换言之，社会保障方面的支出突飞猛进地增长，社会保障之外的支出被大力抑制。但是税收完全跟不上社会保障费用的增长步伐，国债累积增长的结果就是偿还国债及支付利息等费用大幅增长，这显然也加速了财政状况的恶化。

社会保障与其他部分的支出，两者的反差程度也可以放在国际比较视域内进行探讨。日本一般政府部门的社会保障外的支出（图7-4a），即便在经济合作与发展组织各国中，2015年时也仅次于爱尔兰，位居倒数第二（以前在经济合作与发展组织的各国中是最低的）。另外，日本一般政府部门的社会保障支出（图7-4b）在各国中处于中等水平。

通过以上分析可知，日本财政状况整体来看已经恶化到非正常状态，仅仅看社会保障外支出的话，无论是长期的时间序列，还是进行国家间的比较，日本的财政被抑制的程度都令人瞠目结舌。

（名义国内生产总值比、%）

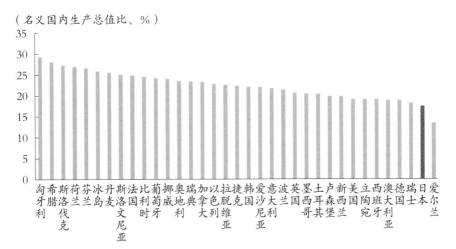

图7-4a 社会保障外支出的国际对比（一般政府部门、名义国内生产总值比）

注 2015年，在政府的总支出中，除去社会保障支出和支付利息的费用。

数据来源：经济合作与发展组织的《社会一瞥2019》，经济合作与发展组织的年度
国民账户。

（名义国内生产总值比、%）

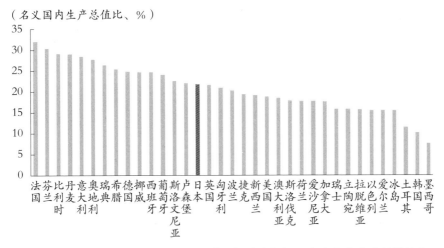

图7-4b 社会保障支出的国际对比（一般政府部门、名义国内生产总值比）

注 2015年，相当于社会性支出（公共的）。

数据来源：经济合作与发展组织，《社会一瞥2019》。

如此看来，平成30年间，税收方面完全无法应对因少子老龄化而导致的社会保障支出日渐增多的问题。这也是财政状况恶化的主要原因。这一点通过与其他国家对比社会保障支出和附加价值税率的关系也能明了（图7-5）。

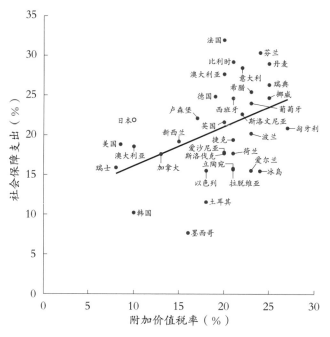

图7-5　附加价值税率和社会保障支出之间的关系

❷ 关于附加价值税率，美国采用的是纽约州的销售税率，加拿大采用的是安大略州的销售税率。社会性支出包括养老金、医疗、护理及家人关系、雇佣、生活保障型费用支出、税额扣除。在经济合作与发展组织的《社会一瞥2019》中相当于社会性支出（公共的）。以上都是2015年的数据（但日本的数据体现了2019年10月上调消费税这一情况）。

数据来源：经济合作与发展组织，《消费税趋势（2018）》《社会一瞥2019》。

经济合作与发展组织中大多数国家的附加价值税率都在15%以上，而且越是社会保障支出水平高的国家，附加价值税率就越高。瑞士、韩国、澳大利亚和日本税率基本一致，这些国家的社会保障支出也相应是经济合作与发展组织诸国中水平较低的成员国。

由图7-5可知，与社会保障支出相比，日本的税务负担过于轻松，可谓处于一种严重失衡的状态。

● 财政可持续发展

日本的财政状况是异常的，甚至是危机四伏的，而且其中原委也已经清楚。这种状况会持续多久呢？为确保财政的可持续性，至少要让滚雪球式增长的债务不要继续膨胀、扩大，不能超出经济本身可以承受的范围。具体来说，就是必须保证债务余额国内生产总值占比稳定或者下降。

条件如下：

基本财政收支（=除去市净率、利息支付后的财政收支）利润国内生产总值占比≥（名义利率-名义国内生产总值增长率）×债务余额国内生产总值占比

例如，债务余额国内生产总值占比为200%、名义利率为3%、名义增长率为2%，在这种情况下，如果市净率（国内生产总值占比）盈余小于2%的话，那么债务余额则处于不稳定状态。因此，当利率高于增长率时，为保证债务余额稳定，需要保证一定水平的市净率利润。那么首先就应该将保证市净率利润作为政府重要的财政目标。但进入21世纪后，此财政目标多次被延期，一直处于未达成状态。

财政制度温暾不前，财政健全化进程一拖再拖。例如，因异次元货币宽松政策[1]导致了名义利率一直低于经济增长率。在此情形之下，套用上述

---

[1] 指增加货币的发行量。1999 年，日本中央银行下调无担保隔夜拆借利率至零，开始实施宽松货币政策。——编者注

公式，即便市净率呈赤字趋势，债务余额国内生产总值占比也是稳定的，这应该是因为缺少对财政健全化的积极态度和对财政可持续性发展的危机感。而且，想要保持债务余额国内生产总值占比稳定，那么债务余额国内生产总值占比的上限是多少呢？这一问题在经济学领域尚不明了，应该也是迟迟未解决问题的原因之一。

如果市场对财政可持续性发展的信心崩塌，就会导致突发性利率上涨和随之而来的汇率大幅下降。虽然这样的财政危机状况百分之百会出现，但具体会在什么时候、因怎样的契机爆发，都是难以预测的。

无论怎样，债务余额比率如此之高，而利率并不大涨，这可以说是一个未解之谜。

第一个原因可能是在国债等的持有上，国内比率一直相当高，这说明民众对政府还是相当信赖的。2017年12月的报告指出，日本在国债等方面的国内消化比率为88.8%，而法国为55%、德国为50%、美国为38%、意大利为36%、英国为27%，由此可见，与其他发达国家相比，日本国债国内消化的占比率具有压倒性。

第二个原因应该是，即便消费税提高到了10%，与其他国家相比，日本附加价值税率依旧处于相当低的水平，即便处于财政危机中，但市场反馈信息表明日本依旧有充足的能力来推进财政健全化。上述解释或许都会对延迟目前的财政危机产生一定影响，但必须要注意的是，它绝不能担保不会发生财政危机。

● 新型社会保障与税务一体化改革

面对财政异常现象，日本应该是有对策的。必须要做的事情仅仅通过之前提到的"简单的算术"便可了然于胸。第一点就是尽量抑制社会保障费用的增加。笔者曾工作过的综合研究开发机构NIRA（被誉为"日本大型思想库"的综合研究开发机构）表示，应该具体抽取出社会保障中能够减少政府支出的部分及金额。

但是不可能全部通过抑制社会保障费用来筹措实现财政健全化目标。在发达国家中，日本经历了速度最快的老龄化，因此也应该考虑要不断完善现在在职这一代人的社会保障。

如果想要健康的财政规模，那么就需要从"中福利低负担"的现状中脱离出来，将负担也变成"中负担"。具体来说，就是有步骤、有计划地将消费税进一步提高到15%以上，最终实现"中福利中负担"，这是必要的，也是不可避免的。

毋庸置疑，抑制社会保障费用、提高消费税在政治层面是极其困难的政策。因为这直接关系到国民日常生活的利益及负担。基于这一点，因老龄化而使老年人比例居高的话，那么与老年人个人利益息息相关的社会保障部分减少，就一定会出现反对的声音。因此，越来越多的人主张尽可能延迟提高消费税，这也不难理解。

提高老年人在选举中的比重，政治方面也尽量投其所好，这一现象被称为"银发民主主义"，因此被屡屡指出这便是抑制社会保障费用、提高消费税在政治上举步维艰的原因。

但这种认识是准确的吗？久米功一等人通过经济产业研究所（RIETI）的《关于多样化正式/非正式就业者就业行为与意识的调查》（2012年），对国民就社会保障及税收的意识和决定性因素进行了分析。

在调查中，关于税收制度和社会保障，让参加者从以下4个选项中选出最接近自己想法的1项，借此来了解掌握对社会保障支付负担选择的偏好。

4个选择项具体如下："今后不要增加税收，但有必要减少社会保障""今后不要增加税收，但有必要增加社会保障""今后有必要增加税收，同时减少社会保障""今后有必要增加税收，同时增加社会保障"。

对4个选项，不同年代的人有不同的选择偏好，如表7-1所示。根据图表，可以明确以下3点。

第一，年龄越大的人越支持"增加社会保障，同时增税"。第二，支持"增加社会保障，无增税"占比最高，20—29岁的群体倾向于这一选项。第三，年龄越小的人越支持"减少社会保障，无增税"。

表7-1　关于税收、社会保障政策，不同年代群体的选择偏好差异

年龄	今后不要增加税收，但有必要减少社会保障（减少社会保障，无增税，单位为%）	今后不要增加税收，但有必要增加社会保障（增加社会保障，无增税，单位为%）	今后有必要增加税收，同时减少社会保障（减少社会保障，同时增税，单位为%）	今后有必要增加税收，同时增加社会保障（增加社会保障，同时增税，单位为%）	合计① （%）
20—29岁	20.5	35.7	14.1	29.6	100
30—39岁	18.9	30.9	16.6	33.6	100
40—49岁	16.9	34.3	13.1	35.8	100
50—59岁	15.2	33.2	14.9	36.7	100
60—69岁	14.0	30.1	15.2	40.7	100
全体	16.9	32.8	14.8	35.6	100

数据来源：经济产业研究所，《关于多样化正式/非正式就业者就业行为与意识的调查》（2012年）。

---

① 原书如此。大致取整数，约为100%。——编者注

老年人期盼社会保障的完备性，但并不逃避承担相应增加的负担。这可以说是与普遍认为的"银发民主主义"不同的地方。拒绝增加税收这一负担的反倒是年轻人。年轻人更乐于选择"增加社会保障，无增税"这样一种有悖于财政可持续发展规律的政策搭配形式，这可能是个严峻的社会问题。

至于原因，就像在第6章中指出的那样，普遍认为是年轻群体中的非正式员工不断增加等原因导致比年长者收入减少，生活拮据，不仅如此，他们还对未来持悲观态度，所以绝对不能接受增加税收。

既要考虑通过其他途径来帮助年轻群体，也要通过提高消费税来确保财政、社会保障的可持续发展，这对年轻群体来说也是有利的。应该在政治层面将此主张传达给年轻群体，并且力求得到他们的共识。

为什么导入非传统的金融政策
也无法扭转通货紧缩

● 金融政策的理论体系更迭

经历了20世纪70年代物价飞涨的发达国家在进入20世纪80年代后，将稳定物价作为宏观经济政策中的重要政策课题。在金融政策上，由于货币需求函数的不稳定性，所以非常重视根据经济形势来调整基准利率的利率政策。

约翰·泰勒（斯坦福大学教授）认为，格林斯潘任美联邦储备委员会主席后执行的美国基准利率（1987—1992年）就是用以下公式来决定的。

$$I_t = r + \alpha\,(y_t - y_t{}^*) + \beta\,(\pi_t - \pi_t{}^*) + \pi_t$$

I_t：基准利率，r：均衡实际利率，$y_t - y_t{}^*$：供需缺口，π_t：通货膨胀率，π^*：目标通货膨胀率

这一公式被称为"泰勒规则"。根据该公式，在决定基准利率时要兼顾到经济状况（供需因素）和物价上涨率两个方面。

泰勒规则与货币主义学派的弗里德曼提倡的"$k\%$法则"（货币发行量按照一定比例增加）并不相同，它依赖于经济形势，意味着更加温和地控制基准利率，可以说适用于从20世纪90年代开始一直到零利率政策时期的

包括日本在内但不包含美国的主要发达国家。

日本中央银行前行长白川方明曾举出泰勒规则的以下3个优点：作为变量，政策当局采用短期利率要优于发行货币；中央银行不只是单方面考虑物价上升率，而是兼顾物价和经济状况；关注长期的均衡水平。泰勒规则在政策当局的实效性中有一定的亲和度。

泰勒规则是各国中央银行采用的新凯恩斯主义学派模型[①]中的中央银行反应函数（政策规则），中央银行一旦提高名义利率，就会引发实际利率上升带来的需求缩小。均衡实际利率是潜在国内生产总值实现时的实际利率水平，即自然利率。

20世纪90年代以后，国际物价明显稳定，预期通货膨胀率也不断下降，在此过程中，主要发达国家的金融政策也开始将着力点放在其他方面。主要是将基准利率的变更幅度控制在0.25%左右，避免给市场带来冲击，根据经济形势进行多次微调，也就是"利率平滑化（或称渐进主义）"，在目前物价还没有大幅上涨的阶段，为防止将来物价上涨，提前对利率进行微调的预防性政策调控。

另外，日常重视"与市场的对话"，考虑将来在什么样的经济形势下需要进行相应的利率政策调整等，通过"与市场的对话"明确未来货币政策的方向，基于此向中央银行提供制定适当利率水准时所需的信息，形成市场预期。以上这些都可以说是为规避对市场带来不必要的冲击或造成市场混乱而进行的努力。同时也开始实施政策决议会议后由总裁、议长召开记者招待会这一机制。

---

① 新凯恩斯主义学派模型和经济学家凯恩斯的模型有共通之处，但在假设工资、价格坚挺性以及明确采纳预期上存在差异。

● 世界首次对非传统金融政策的挑战及随后发展

泡沫经济崩溃后，日本的基准利率在20世纪90年代中期以后已经下降到接近零，90年代末期日本越来越担心会发生物价下跌恶性循环，到1999年2月无论是名义利率还是实际利率都开始采用零利率政策[①]（表7-2）。到2000年，物价依旧呈下降趋势，但经济形势开始出现明显改善，2000年8月零利率政策结束（基准利率上升到0.25%）。此时，日本的出口已经呈下跌趋势，所以代表政府一方的参会者希望延期到下次政策决议会议时进行表决，但因遭到多数人反对而最终被否决。

遗憾的是，世界经济并没有明显好转，经济形势受互联网泡沫破灭的影响而变得低迷不振，股价大幅下跌。因此，日本中央银行在2001年3月大刀阔斧地调整了货币政策，实施定量货币宽松政策。

日本中央银行将政策目标从活期贷款利率转向日银支票活期存款余额，提供大量资金（初期为5兆日元）。因为提供了充足的资金，同时基准利率为零，所以此后支票活期存款余额不断增加，定量货币宽松政策持续了5年之久。

2006年3月，日本因经济复苏，物价呈上升趋势，再次从定量货币宽松政策变为利率政策。此后，日本的利率上升到0.5%，但2008年因世界金融危机爆发，日本再次走上非常规货币政策之路。

如果目前的利率是零，那么按照惯例是不能采取更加宽松的政策（下

[①] 在1999年2月的金融政策决议中提出："初期目标定在0.15%，之后根据市场状况慢慢实现进一步下调。"但是在之后的记者招待会上，时任日本银行行长的速水优发表了以可以接受零利率为主旨的发言，当时的基准利率已经发展到低于0.15%（3月4日为0.03%），所以称之为"零利率政策"。

调利率）了。因此，日本中央银行采取的又一新方法是"时间轴政策"。在短期利率达到下限的过程中，以零利率政策的持续时间长短来牵制市场。这样一来，就可以通过推动短期利率的未来下调预期，来实现尚不是零的长期利率的下调，最终来刺激需求。

具体来说，1999年2月，时任日本中央银行行长的速水优以零利率为目标指向，通过充足而灵活的资金供给，尽可能慢慢拉低基准利率（无担保贷款）。在基准利率大幅下落、接近零值后，他在同年4月公布："在能够确定消除通货紧缩忧患之前，将一直实施零利率政策。"因此，长期利率下调，收益率曲线走弱[①]。

日本这种推动实现未来目标预期的方法后来也被其他发达国家采用，被称为"前瞻性指引"。

● 应对世界金融危机

2008年9月世界金融危机后，主要发达国家及地区的基准利率都基本降至零附近，开始导入非常规货币政策。在假定"常规货币政策"的金融市场，日本中央银行通过调节短期利率水准来影响实体经济及物价，这一金融政策的作用路径是有效可行的。在此前提下，金融机构是可以正常发挥金融媒介机能的。

但是金融危机发生后，金融市场的信用危机急速上升，再加上零利率政策的制约，上面这种作用路径就举步维艰了。为此，日本中央银行将基

---

① 根据利率期限的预期理论，期限内的利率基本等同于对短期利率的未来市场预测。根据日本中央银行公布的零利率持续时间轴可知，市场预期的长期利率已下落。

表7-2 零利率政策实施后的主要金融政策

时间	主要金融政策
1999年2月	零利率政策
1999年4月	在能够确定消除通货紧缩忧患之前，将一直实施零利率政策
2000年8月	结束零利率政策
2001年3月	定量货币宽松政策
2003年10月	明确表示继续实行宽松政策
2006年3月	定量货币宽松政策结束→利率政策（大体在0） 引入新型货币政策机制，消费者物价上升率保持在1%前后能够保证"物价稳定"
2008年10月	从0.5%下调到0.3%
2008年12月	下调到0.1%前后 货币调节手段的追加措施（增额长期国债和扩大购买对象、引入短期融资券买断交易等）
2009年12月	导入贷款（3个月贷款）利率的刺激性目标
2010年10月	总括货币宽松政策
2012年2月	公布"中长期物价稳定靶向"（2%以下的正值范围内，目前①是1%） 关于旨在脱离通货紧缩状态的解决途径，日本中央银行与政府发表了共同声明
2012年10月	公布"物价稳定目标"（2%）
2013年1月	日本中央银行与政府发表共同声明《为脱离通货紧缩状态、实现经济可持续增长，日本政府与日本中央银行的携手举措》
2013年4月	量化、质化货币宽松政策（利率政策→调控货币基础）
2014年10月	追加货币宽松政策（进一步增加货币基础额度、长期国债持有时间更加长期化等）
2016年1月	负利率量化、质化货币宽松政策
2016年9月	长期、短期利率调控量化、质化货币宽松政策（调控收益率曲线）
2018年7月	强化货币宽松政策框架（导入前瞻性指引及提高国债利率上限）

---

① 截至2019年9月。——编者注

准利率降至零（或者极低利率），改善原有的作用路径、灵活运用其他方法手段，借此实施进一步的举措，即"非常规货币政策"，前面介绍的日本中央银行的定量货币宽松政策就是其中之一。

非常规货币政策大体可以使用以下3种方式。也就是说，利率已经降至零值后如果还想进一步缓和金融状况（负利率除外）的话，有以下3种选择：①调控未来货币政策或预期短期利率（前瞻性指引）；②购入特定资产（长期国债及风险型资产等）；③扩大日本中央银行的资产负债表。

日本实行定量货币宽松政策（2001—2006年）期间采纳的是①和③，②主要是作为购买银行持有股份时的谨慎政策使用的，但基本不在购买长期国债的情况下使用。不过在世界金融危机时，尤其是美国，在把基准利率下调0—0.25%的同时，为了保证暂时的金融市场持续稳定，也采取了购买长期国债、风险型资产等具有积极意义的货币宽松政策。

在扩大日本中央银行资产负债表这一点上，美国与日本中央银行的定量货币宽松政策是相通的。日本中央银行以支票活期存款余额为目标，扩大日本中央银行资产负债表中的资产，但美国重视的是日本中央银行贷款及证券等资产形式（购买资产的类别）及前述资产的组合形式会如何作用于家庭收支及企业信用。在这一点上，日本和美国是不同的。

世界金融危机爆发后，日本物价再次下跌，2010年采取了总括货币宽松政策，试图进行更为积极的应对。日本中央银行购入指数联动型上市投资信托基金（ETF）、不动产投资信托基金（J–REIT）等风险型资产，资产购入型基金也逐渐增长。

另外，创立基金作为临时性措施也表明了日本中央银行的财政健全性。在此期间，关于应该导入物价目标（通货膨胀目标）的讨论纷至沓来，2012年2月公布中长期物价稳定靶向是控制在2%以下的正值范围内，目前①是1%。这虽不是物价稳定"目标"，但日本中央银行设定的物价稳定水平明朗化了。

● "安倍经济学"与物价稳定目标的导入

安倍晋三于2012年9月任自民党总裁，同年12月，安倍晋三首相执掌日本政权，他强调了脱离通货紧缩的金融政策的重要性。安倍首相就任后，表明政府与日本中央银行共同的物价稳定目标是2%，日本中央银行将进一步实施新政策。

具体来说，就是2013年1月与政府发表的共同声明：《为脱离通货紧缩状态、实现经济的可持续增长，日本政府与日本中央银行的携手举措》，日本中央银行将物价稳定目标定在2%。共同声明明确表明，为早日实现脱离通货紧缩状态和物价稳定前提下的经济可持续发展，政府及日本中央银行将通力合作。

物价稳定目标通过资产购入等更进一步的货币宽松政策的不断推进以期尽早实现，但金融政策发挥效应是需要一定时间的。

日本中央银行解释道，将物价稳定目标从一直以来的2%以下的正值范围，目前是1%变更为2%，依据的是今后经济增长力如果不断增强，那么实际物价增长率也会徐徐上升，如此，家庭收支及企业的预期物价增长率也会随之上升。至于将"靶向"一词调整成"目标"，则是基于对实施货币政策重要性的深刻理解。显然，日本中央银行认为若要实现物价稳定目标，与政府的通力合作是不可或缺的。

---

① 截至2019年9月。——编者注

在共同声明中，政府职能包括以下几点："落实旨在增强日本经济竞争力和成长力的具体解决方案，并强力推行""加强与日本中央银行的协作，确保对财政运营的信任，要切实推进能够确保建立可持续发展的财政架构的解决方案"。由此来看，日本中央银行承担货币宽松责任，政府则致力于提高经济增长力的财政健全化进程，如此一来，不仅可以实现稳定物价的目标，货币政策正常化（出口战略）也不再是难题。

● 物价稳定目标实现的早期成果及异次元货币宽松政策

2013年4月，日本中央银行开始在黑田东彦行长的带领下实施异次元货币宽松政策（量化、质化货币宽松政策，QQE）。其内容主要是为了切实实现2%的物价稳定目标（以2年为期的必达目标），包括以下3点：①增加购买国债等的货币基础额度（实施对象从无担保活期借贷T+1利息再次更改为货币基础额度）；②通过进一步延长长期国债的持有年限来下调收益率曲线；③增加购入指数联动型上市投资信托基金、不动产投资信托基金等风险型资产。因黑田东彦"量化、质化异次元"的声明，该政策被称为"异次元货币宽松政策"。

长期国债以每年约50兆日元的速度增长，2年后货币基础额一目了然，2012年年末的138兆日元到2013年年末增至200兆日元，到2014年年末达到了270兆日元，2倍目标的预测和资产清单同时公布。

购买长期国债及风险型资产等，作为政策手段都是早就有的，但这次的购买规模相当大。例如，长期国债从2012年年末的89兆日元到2013年年末增至140兆日元、2014年年末达到190兆日元，依旧是2年增加2倍多的目标指向。而且购买国债时具有一定约束力的"日本中央银行券规定"也被废除。

日本政府希望通过下调长期利率及提高物价等方式，日本经济能够超出预期增长率发展起来。实际上，2014年年末的货币基础额已经增至276兆日元。

这一壮举带来了日元贬值、股价上涨，短期内促进了经济发展，摆脱了通货紧缩。但是，就如本书前面提到的，像提高薪酬、加速消费、设备投资等国内需求的良性循环机制依旧停滞不前，名义国内生产总值依旧低迷。即便是大幅增加了货币基础额，但银行贷款并不活跃，货币供应量（M2）依旧增长缓慢（图7-6）。在此期间，并未达成2%的物价稳定目标。

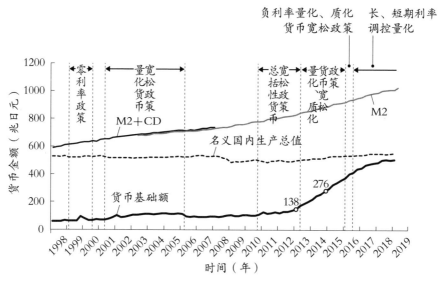

图7-6 货币储备量、货币基础额与名义国内生产总值

ⓘ 货币基础额数值分别指2012年年末及2014年年末，M2+CD是以前的统计数值。CD是指大额可转让定期存单。

数据来源：日本中央银行，货币储备量、货币供应量；内阁府，国民经济核算。

● 从货币宽松政策到利率政策

2年内达成2%的物价稳定目标变得异常困难，日本中央银行在2014年10

月决定进一步扩大货币宽松政策。主要包括将货币基础额提升到年80兆日元、增加长期国债及风险型资产的购买量、长期国债的平均持有年限进一步长期化等。这是继2013年4月的异次元货币宽松政策后被称为"黑田第二弹"的货币政策。

尽管如此，也完全看不到物价上升的迹象，而且从2015年10月左右开始，因为原油价格下落，股价也逐渐走向萎靡。市场期待有更进一步的宽松政策，但因日本中央银行延缓实施，导致市场对其的不信任感逐渐增强。

而且，量化、质化货币宽松政策已超出2年，这一超长期限导致日本中央银行的国债持有额超过300兆日元，占了国债市场约3成的份额比例。在此期间，人们开始思考以年80兆日元的增长规模，市场持续购买力的极限问题（QQE的可持续发展性），同时也开始忧虑国债市场能否保持流动性（图7–7）。

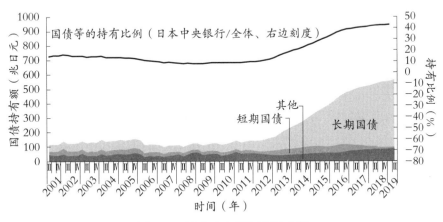

图7–7 日本中央银行总资产额

数据来源：日本中央银行，日本中央银行计算、资金周期表。

结果，日本中央银行在2016年1月决定执行负利率量化、质化货币宽松政策，声明金融机构持有的央行活期存款利率将使用–0.1%的利率，同时"今后将通过质、量、利率三个方面来继续放宽货币政策"。这说明黑田行长已经完全推翻了自己之前"量化、质化货币宽松政策已是最优政策"的说法。这次没有规定基础货币的增加额度，由此可以看出日本中央银行已经开始将重心转向通过利率来放宽货币政策（利率政策）。

虽说欧洲中央银行早已实施负利率政策，但日本却是初次采用。在此之前，日本中央银行对此政策是持否定态度的，在当时的预期金融市场中该政策也没有得到响应。另外，国债利率（2010年）也变为负利率，对超长期利率有一定的宽松效应，因差额利润缩小导致银行收益受压，带来金融媒介职能低下以及对保险、养老金的运作也产生了负面影响，以上种种让人越来越担心家庭收支。

为此，2016年9月，在对异次元货币宽松政策进行了"整体审查"后，决定了货币政策新框架。就是被称为"长期、短期利率调控量化、质化货币宽松政策"。

没有决定货币基础额的增幅，对于长期国债的购买额大致维持现状（持有余额的年增加额约为80兆日元），也就是在异次元货币宽松政策上没有继续扩大"量"，只是维持现状，但在物价稳定超过2%之前，会持续扩大货币基础额（汇率超调型干预），竭力防止异次元货币宽松政策出现衰退迹象。

作为新举措，尤其引人瞩目的是长期利率（10年国债收益率）降为零这一调控利率政策（收益率曲线控制政策，即YCC）。

长期以来，日本中央银行能够调控的是作为政策目标的短期利率，长期利率则是根据日本中央银行调控未来短期利率对市场产生影响，从而由市场的间接影响（前瞻性指引）决定的。因此必须注意以下尚不明确的问题：日本中央银行能够直接操控长期利率吗？而且，即便能够做到，日本中央银行应该干预本应由市场决定的长期利率吗？收益率曲线调控可以说完全是试验性措施。

另外，将长期利率控制在0，意味着在国债价格上升时，就必然要减少国债购买额，目前日本中央银行是具备这种应对能力的。事实上，2016年秋天以后，国债实际购买额已经从增额状态趋向正常化。

2018年4月，黑田再次出任日本中央银行总裁，7月决定将"强化高效的货币宽松政策框架"作为新规举措，在基准利率中导入了"前瞻性指引"。由此，根据收益率曲线控制政策，10年国债利率已经降至0，长期利率也受到了调控，但美国基准利率上调，加之日本国内国内生产总值缺口呈正值态势，日本中央银行表示近期不会上调基准利率，目前会继续保持极低的长期、短期利率水平。

但因为有明确的物价稳定的数值目标，所以10年国债利率为零的政策只不过是一种政策手段罢了。另外，为适应经济、物价形势，长期（10年）利率在采纳收益率曲线控制政策后，允许在 ± 0.1%— ± 0.2%的范围内波动，再加上汇率超调型干预，这种"双足鼎立"政策的实施备受关注。

异次元货币宽松政策的
功与过

　　非常规货币政策到底可以做到哪些事情，又有哪些事情是做不到的呢？21世纪初实施的零利率政策，采用了有利于实现预期目标的时间轴政策，其中有值得肯定的地方。但是，特别是在自然利率下滑已成常态的情况下①，异次元货币宽松政策的实施并没有确切的依据可以证明能够提升物价增长率，而且还似乎有过于依赖预期效果的倾向②。

　　特别是货币政策对物价发挥效应前，需要经历种种途径，通常情况下需要一定的时间，但直接将实现物价稳定目标的时间定为2年，不免唐突。

　　2013年3月黑田东彦就任日本银行行长后，就如我们目前为止看到的，通过超预期的大手笔举措，大大改变了市场预期，早日达成了目标。这些

---

① 保罗·克鲁格曼（纽约市立大学研究生中心教授）解释道："如果确定自然利率下滑只是暂时性的，那么即便是在零利率政策下，也可以提高预期通货膨胀率，由此通过下调实际利率就有可能摆脱需求不足的状况。"但同时他也指出："在自然利率下滑已成常态的情况下，通过货币政策来提高预期通货膨胀率是极其困难的。"

② 对于量化、质化货币宽松政策，早川英男指出："不应认为通过增加基础货币额、大量购买国债就可以机械地提高物价，说到底应该将该政策作为一种因相信能够实现设定的通货膨胀目标而采取的'管理预期目标'手段，日本中央银行明知如此还在此下注，应该是因为已经到了穷途末路的地步了吧。"

是不难想象的①。但是，虽然经济学家们的预期通货膨胀率在2013年激增至2%—3%，但在第二年，也就是2014年4月增长幅度不足1%，当然其中也有原本计划中的提高消费税的影响②。

异次元货币宽松政策开始出现力不从心的端倪是在2014年下半年，此后停滞在1%不动，在零利率政策下，通过提高预期通货膨胀率来降低实际利率的效果是有限的（图7-8）。

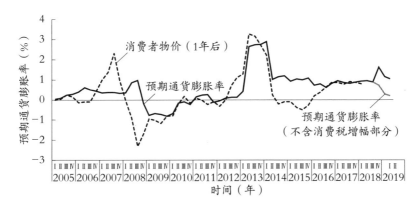

图7-8 预期通货膨胀率（1年后）的发展变化

❶ 消费者物价与预期值都是消费者物价指数（不含生鲜食品）的核心。预期通货膨胀率是根据ESP预测调查得出的预期物价增长率（1年后、每月调查的季度平均值）。对不含消费税增幅部分的预期值调查始于2013年10月。

数据来源：总务省，消费者物价指数；日本经济研究中心，ESP预测调查。

汇率（日元贬值）及股价因海外投资者的参与而在初期就出现反应，

---

① 翁邦雄指出："黑田行长许诺可以尽早实现物价增长率目标，如果通过这种极力主张而取得每个人的信任，那么就可以梦想成真（每个人都相信的话，那么就成了现实），如愿以偿。"

② 根据 ESP 预测调查（反映全日本经济学家对经济走势的判断意见），2013 年 10 月开始对不包含消费税增税的数值进行调查。2013 年 10 月的调查中，1 年后的预测值为 2.8%，除去消费税部分，预测值为 0.8%。

日本银行通过购买指数联动型上市投资信托基金支撑股价，但汇兑在过度的日元升值现象即使在调整之后也依旧难以达到预期的贬值程度。如果国债利率已经处于较低水平，即便大幅提高购买额，想通过下调长期利率来影响汇兑及股价，效果也是十分有限的。

日本中央银行只对一部分活期存款执行了负利率政策，但事前并没有充分说明"今后必要时会进一步下调利率"，再加上提及今后的"深挖"言论，不可否认这诱发了民众的不安情绪——"如果存款利率变为负利率的话，将……"对金融机构来说，为配合量化、质化货币宽松政策而储备了大量央行活期存款，到头来却因负利率导致差额利润被压缩，他们不得不面对经营恶化的局面。结果，仅仅8个月就变更为收益率曲线控制政策。自然利率在零附近或为负值时，货币政策的效力是非常有限的[①]，潜在增长率持续下滑。

在日本，尽管通货紧缩状态结束了，但物价稳定目标并未达成，所以继续实施货币宽松政策。长期、短期低利率水准虽能支撑日本的经济形势，但隐患（副作用）更为明显。

具体来说，第一点是负利率长期化会降低长期利率甚至贷款利率，但存款利率不能为负，所以金融机构的差额利润大打折扣，收益结构受限，导致收益能力下滑。

第二点是因低利率导致收入所得从作为债权人（储蓄过剩）的家庭及企业转移到作为债务人的政府手中，同时低利率抑制利息支付费用，导致财政政策机能弱化。

第三点是日本银行大量购买长期国债及风险型资产，大幅增加了资产

---

① 即便在日本银行的"整体性审查"中，自然利率也处于在零附近。

负债，所以根据这些资产的未来价格走势有可能发生严重的资本损失、资产负债损失，最终演变成国民负担。

第四点，因日本银行大量购买指数联动型上市投资信托基金，有可能导致本应在资本市场发挥效力的资金分配机能低下。从企业统筹的角度来看，会带来不利影响。

第五点是货币政策透明度不足。特别是，例如在2016年9月的决策中，决策内容晦涩难懂，而且针对货币政策正常化、寻找出路的讨论一直不甚明了。

物价目标作为政策目标，本来具有高透明度，对大多数人来说这是通俗易懂的优点。但如前所述，经济学家们设定的预期通货膨胀率低迷这一事实意味着包括共同声明在内，关于实现物价稳定目标的政策执行机制未必值得信赖，对于它的恒常性令人担忧。

"安倍经济学"的
光与影

在前文回顾了平成30年间的财政、货币政策。本小节将从更近的2012年末，即安倍晋三第二次执政开始，主要明确并探讨作为安倍政权经济政策支柱的"安倍经济学"给日本带来的光明与阴影。

● 提升功效的加速跑

"安倍经济学"在开始时强调其包含"三支箭"。第一支是货币政策，第二支是财政政策，第三支是成长战略。

前两支都是传统的宏观政策组合，可以影响国民、市场的短期预期及心态变化，即影响股价、汇率等资产价格，并且明显看出股价上涨、日元贬值的实现对实体经济带来了良好效力。就此来看，"安倍经济学"的起跑是顺利的，并且取得了相应的经济效应。

但是，归根结底这是期望影响预期目标的短期性政策，类似于兴奋剂，无法对经济起到长期的刺激效果。

● 具有决定意义的第三支箭：成长战略

从这个意义上说，作为第三支箭的成长战略就担负起了重任。但"安倍经济学"本身就是为了维持政权，所以格外重视短期成果及国民支持度。因此，不可否认它缺乏高瞻远瞩的视野。每年更新的成长战略中已经越来越难看到新的规划了，内容基本上一成不变，但随处可见的是耳目一新的口号式政策以及看似夺取在野党权力的政策。

即便只是寻求短期效果，遗憾的是或许仍需要经过重重困难、花费相当长的时间，而且对提高潜在增长率这样切实的经济结构改革也未必有积极的推动作用。而且，因为会对政权存续及选举产生负面作用，所以安倍政权也几乎没有着手推进财政健全化及社会保障制度的改革。

● "安倍经济学"如何面对消费税

"安倍经济学"最典型的表现是，两度延迟提高消费税、实施时坚持减轻税率原则、提高消费税后实施了抑制消极消费政策。之所以会采取以上政策，主要是因为2014年提高消费税导致消费大幅下滑，这一状况对安倍政府来说可谓"重创"。

宇南山卓指出，与1997年相比，很明显2014年提高消费税后的所得效应导致消费更大幅度地下滑。所得效应是伴随消费税率的上调、基于生命周期–恒常所得假说，实际永久收入所得减少会导致消费下滑的效应。这一效应是在政府提倡增税，并且在家庭收支中有所体现时发生的。

1997年，提高消费税在真正实施的2年前就已决定，虽有曲折但还是切实执行了，而且所得效应在消费税上调前就已经先体现出来。综合考虑国民认知的时间点差异的话，这一效应应该属于慢慢渗透吧。

宇南山卓还指出，在大家普遍预测会停止或延迟2014年提高消费税这一决定时，首相在记者招待会上戏剧性地宣布提高消费税，如此一来，国民的增税意识瞬间提高，从宏观角度来看，这是增大了所得效应。

因为消费税增税的所得效应是很难集中体现的，所以在实施前的相当一段时间需要进行宣传，并且承诺会切实执行，这一点是很重要的。

而且，在日本，伴随着消费税增税，前后分别出现了疯狂消费和消极消费的情况。在欧洲，例如近年来，德国在2007年将消费税提高了3%，英国在2010年、2011年分别提高了2.5%的附加价值税，但众所周知这些国家并未出现疯狂消费和消极消费的情况。为什么会这样呢？

森信茂树强调这主要是因为在欧洲国家，企业设定价格是相当有弹性的[1]。在欧洲，好像也有附加价值税提高后价格立刻下滑的情况。日本是通过行政手段干预消费税提高后的价格转嫁，所以价格设定的自由度更小，提高消费税后的集体涨价行为也在很大程度上导致了消极消费状况的出现。

为提升企业设定价格的自由度，应该将目前执行的含税价格和不含税价格两种表示方法统一为含税价格，即用总价来表示。

---

[1] 德国在提高附加价值税的一年半前就开始进行宣传，切实执行后，前述的所得效应是分散性的，并且因提前就被民众慢慢接受了，所以经济波动很小。

没有出路的
"安倍经济学"

    "安倍经济学"到底要走向何方？这里的"出路"是指什么呢？立刻浮现在笔者脑海的大概是货币政策的"出路"吧。未达成2%的物价上升率目标，量化、质化货币宽松政策陷入持久战。目标达成的难度削弱了该目标的现实性，但同时也成为不改变货币政策姿态的"权威招牌"。或许是为了防止因政策变化导致市场混乱，但一再拖延寻找"出路"的明确举措，实际上应该是"停止思考"的借口。继续实施维持现状的政策，同时也能够继续保持这种"逃避的""安稳的"均衡经济状态。

    但我们必须认识到，这种均衡就如同玻璃制品一般，会轻而易举地破碎。至于原因，主要是利率黏着在零值会极大程度地阻碍财政健全化，进而导致财政状况进一步恶化。因此，真正的危机很可能出现在实现物价上升率目标、需要摸索"出路"的时候。为什么会这样呢？因为如果彼时国民对财政全无信任感，利率会飞涨，这个国家很有可能会瞬间陷入经济危机之中。

    安倍经济学虽然改变了短期经济主体的预期，给经济带来一定程度的积极作用，但是整个平成时代经济都没有打破"低增长、低温经济"的状态。

财政、货币政策虽然可以发挥短期的效用，但无法改变经济结构。为实现"低增长、低温经济的自我突破"，必须以长远的视野对经济结构及根基进行彻底革新。实现这一目标的必要条件有哪些呢？在下一章将会进行讨论。

✎ 专栏13　对物价的财政理论与现代货币理论的评价

下面介绍两个近年来与财政政策相关的热点理论——物价的财政理论（FTPL）和现代货币理论（MMT）。首先是通过内阁府浜田宏一的介绍，在2016—2017年引起巨大关注的物价的财政理论，这是诺贝尔经济学奖得主克里斯托弗·西姆斯（普林斯顿大学教授）的观点。

鹤光太郎也指出，一言以蔽之，该理论主张"通货膨胀和通货紧缩并不是货币现象，而是财政现象"，是考虑了集中政府与日本中央银行统合的跨期预算约束来决定物价水平的均衡式。

政府名义债务总额/物价水平等于从现在开始，未来实际财政盈余（含通货发行收益）的折现总额。

这是"政府债务最终必须通过包含通货发行收益在内的财政利润来解决"的约束公式。为满足这一均衡式，日本中央银行、政府、民间主体之间形成怎样的相互作用，对决定物价水平至关重要。

在物价的财政理论中，主张要使上述预算约束式成立，并不是政府、日本中央银行采取措施，而是通过民间调整支出促使物价水平产生变化，从而达到均衡。在这种情形下，政府并非通过未来的增税来满足目前的减税这种李嘉图式的中立财政政策，例如通过永久的减税使财政盈余永久性降低，以此来实现物价水平上升，满足均衡式。

消费者认为永久性减税就意味着恒常所得增加，于是加大消费，带来物价水平上升。正是这一架构起到了幕后推手的作用。

所以，大家务必注意，这里所说的财政政策的含义绝不等同于凯恩斯经济学理论中的因货币政策无效而应该进行财政扩张的主张。该理论是奖励消费者免费搭乘顺风车，不涉及未来财政紧缩问题，这有助于摆脱通货紧缩。但不可否认的是，包括社会保障在内的未来不稳定因素很可能会对现在的消费产生不良影响。遗憾的是，在此现状之下按照该路径促进物价上升的可能性是很小的。

和物价的财政理论相对，2018—2019年在日本广受关注的是现代货币理论。美国民主党年轻女政治家、众议院议员亚历山德里娅·奥卡西奥-科尔特斯把它作为积极财政政策的依据，支持不必担心财政赤字的现代货币理论，由此引发了一场辩论。

现代货币理论的倡导者之一，斯蒂芬妮·凯尔顿（纽约州立大学教授）指出："日本政府和日本中央银行已经实际验证了现代货币理论。"直接将辩论之火引到了日本。

现代货币理论的核心思想是：拥有货币发行权的国家可以自由发行货币，所以不会出现用自己国家货币交易的政府债务违约行为。需要注意的是，使用国际流通货币交易发行国债的国家不适用于该理论。

难以评判该主张本身是错是对，但问题是它伴随着巨大的副作用。如果推行现代货币理论，最终会形成政府赤字转嫁到日本中央银行的财政融资模式。这样一来，会导致通货膨胀加速、国债价格暴跌（利率暴涨）、汇率大幅下落等，极有可能引起恶性通货膨胀引发经济危机。这都是历史留给我们的教训。

因此，保罗·克鲁格曼（纽约市立大学教授）、劳伦斯·萨默斯（美国前财政部长）、肯尼斯·罗格夫（哈佛大学教授）等主流派经济学家对现代货币理论展开严厉的批判，坚决否定了这一理论。

当然，现代货币理论的倡导者之一凯尔顿也认识到将引发恶性通货膨胀的忧患，提出需要加入防止通货膨胀的避险条款，例如财政扩张，如果出现了通货膨胀的预兆，就要马上终止支出。

但是，在行政制约下，这样的条款是否能落实，有待商榷。从历史的经验来看，显而易见可以知道一旦发生通货膨胀，想要制止它将是棘手难题。而且，如果没有出现通货膨胀加速现象却依旧迎来了泡沫经济的崩溃，那就难以预测什么时候会发生国债价格暴跌、利率暴涨的情况了。

不过值得注意的是，对现代货币理论持反对态度的美国主流经济学家们也认为在自然利率极低、货币政策无效的情况下，应该重视财政政策。例如，国际货币基金组织前首席经济学家奥利维尔·布兰查德在2019年1月的全美经济学会的会长讲演中谈到，如果长期持续（名义）利率低于（名义）增长率的话，与政府债务相关的各种成本就会变小，应该积极地灵活运用财政政策。而且，在和彼得森国际经济研究所客座研究员田代毅共同执笔的提案中表示：日本中止了2019年10月提高消费税的决定，忘记了财政均衡原则，应该会无限期出现财政赤字。

对于这一提案的评价，有人认为日本现在有可以与战时相匹敌的巨额政府债务。但利率、物价增长率却始终保持在零值附近，这种"奇妙的平衡"将延续到什么时候呢？如果能永远保持下去，那么无论是现代货币理论还是布兰查德的观点都是正确的。"物价不会上涨"这一通货紧缩心理已经渗透整个日本经济，轻易不会发生改变。这一想法也是有其道理的。但是，谁也不知道这种

"奇妙的均衡"什么时候会失衡，既然如此，就不应该再去听那些极度弱化财政规律的"甜言蜜语"了，就算有些晚，但也不应该放缓旨在财政健全化建设的坚实步伐[1]。

利率增长率差别与目标平均市净率（PB）利润GDP[2]比率的关系

首先设定：

D：债务余额

d：债务余额国内生产总值（GDP）比率

Y：名义GDP（水平）

g：名义GDP增长率

r：名义利率

B：基本财政收支（=PB）利润（水平）

b：基本财政收支（=PB）利润GDP比率

名义利率以外用时间轴/t这一函数表示。D/Y代表债务余额GDP比率，将其用t来微分，得出以下结论。

$$\frac{\partial}{\partial_t}\left(\frac{D}{Y}\right)=\frac{DY-DY}{Y^2}=\frac{D}{Y}-\frac{D}{Y}\times\frac{Y}{Y}$$

在这里，债务余额的增加幅度是用利息支付费用减去平均市净率利润：

$$D=rD-B$$

然后得出：

$$\frac{\partial}{\partial_t}\left(\frac{D}{Y}\right)=\frac{\dot{D}}{Y}-\frac{D}{Y}\times\frac{\dot{Y}}{Y}=\frac{rD-B}{Y}-d\times g=r\frac{D}{Y}-\frac{B}{Y}-d\times g=r\times d-b-d\times g$$

---

[1] 反之，也必须要注意，如果突然进行快速、大幅的财政健全化建设，对宏观经济的短期通货紧缩效果则会变大。

[2] 由于此专栏中公式里用到国内生产总值，汉字夹在其中不利于阅读，故改为GDP。——编者注

在债务余额GDP比率反向变化时，微分式等于0。

$$\frac{\partial}{\partial_t}\left(\frac{D}{Y}\right)=0$$

由此得出：

$$0=r\times d-b-d\times g=-b+(r-g)\times d$$

所以，

$$b=(r-g)\times d$$

换言之，为了保证债务余额比率的增加有所限度，将作为目标的平均市净率利润GDP比率相当于利率增长率之差×债务余额GDP比率。而且，如果平均市净率利润GDP比率大于债务余额比率的话，债务余额GDP比率的微分则会变为负值，债务余额GDP比率就会降低。例如，债务余额GDP比率为200%，名义利率为3%，名义增长率为2%，分别将$d=2$、$r=0.03$、$g=0.02$代入上述公式中，能够得出$b=0.02$，那么目标平均市净率利润GDP比率就是2%。

第 8 章

改变低温
经济的现状

在表 8-1 中，将第 1 章至第 7 章的分析进行了清晰的总结。简言之，日本经济陷入了"低增长、低温经济的自我实现"的怪圈之中，在这种恶性均衡中难以自拔。

本章拟探讨打破这种状况的良策。首先，讨论强化经济成长力的方案，其次，探讨摆脱低温经济状况的方案，最后，明确日本依旧拥有自身的潜力和优势，以及积极挑战未来的重要性。

表8-1 第1—7章的问题及主要结论

	问题点及需要解开的谜团	主要结论
第1章	20世纪90年代后，经济增长率迟缓的原因	劳动、资本、全要素生产率三者作用都为负，特别是劳动时间减少、资本积累及信息化投资停滞、制造业及中小企业（事务所）的全要素生产率增长迟缓
第2章	20世纪90年代以后，不同部门IS均衡是如何变化的	以前与其他国家相比较高的家庭部门储蓄过剩现象出现下滑，与此同时，日本企业部门的储蓄过剩现象与其他国家相比，无论是规模还是时长都一直保持长足态势
第3章	战后日本经济周期取得了怎么样变化	经济扩张期的增长率、扩大速度不断放缓。劳动力市场的供需关系未必与经济动向指数显示的经济发展状况有联动关系（谜团1）、工资和物价上涨对经济和劳动力供需紧张的压力减弱（谜团2）、设备投资受经济发展的影响力减弱（谜团3）
第4章	解开第3章留下的"谜团1""谜团2"（工资关系）	造成劳动供需关系紧张的原因中，与经济形势相比，非制造业的结构性原因更大。工资难以上调的原因，主要是非正式雇佣增多、重视维持劳资雇佣关系、工资向下僵固性带来的向上僵固性等
第5章	解开"谜团2"（物价关系）、"谜团3"	物价难以上涨的原因，主要是趋势性通货膨胀率下降等很有可能导致企业的价格设定协调失灵，而且通货紧缩观念已深入人心，价格不变已经成为买卖双方的默认契约。设备投资比重远远低于经济及市场形势的需求量，主要是因为预期增长率低下、采纳海外直接投资或企业并购取代设备投资等
第6章	家庭储蓄率下滑的原因。在职、年轻群体和老年人在储蓄率的趋势上为何表现不同	"老龄化"这一人口结构原因占比仅仅3成多，老年人储蓄率一直下滑现象严重。在职、年轻群体储蓄率基本无波动，主要是因为其未来所得在恒常所得中占比要高于老年人，未来所得很有可能大幅下滑，消费会进一步减少
第7章	20世纪90年代以后财政恶化的主要原因。财政能否可持续发展？非常规货币政策为何无法达成物价目标？如何评价"安倍经济学"	在税收基本无增长期间，社会保障费用大幅增加造成财政状况恶化。超低利率阻碍了财政规则正常运转。非常规货币政策过度依赖预期效应，但无法改变市场的预期物价增长率，效力降低。作为经济成长战略，短期内直接提高潜在增长率是很困难的

提升经济增长力的
长远对策

如果要彻底结束潜在的增长率低下、预期增长率低下等的恶性循环，提高经济成长力，那么必须要做哪些事情呢？

为维持超高龄化社会，尽可能降低因人口减少、劳动力减少带来的负面冲击，提高女性、老年人、外籍劳动者的工作参与率是不可或缺的。就像目前看到的，近年来，女性、老年人就业人数不断增加。

但其中大都是非正式雇佣，这也是不争的事实。长期雇佣的正式员工中包含职务、工作地、劳动时间都已固定化的"流程型"员工，所以采纳多样化弹性工作方式极有可能进一步提高劳动参与度。

另外，对于外籍劳动者来说，主要是劳动力严重短缺的行业吸收外籍劳动者。2019年4月开始实施修订后的《出入国管理及难民认定法》，纳入了"特定技能"这一全新入境居住资格，目的就是为了扩大接收前述类型的外籍劳动者。当前是以技能性实习生的过渡为主要形式，这是在现行制度上打开了一个小小的"洞口"，但一旦接收进来就覆水难收了。考虑到接收外籍劳动者的不可逆性以及社会性冲击，试图一气呵成完成制度巨大转换的爆破式路径是不可取的，所以重要的应该是采取渐进式策略及可持续性的制度改革。

决定每个国民生活水平的另一要素是劳动生产率。特别是在工作方式不断改革的过程中，长时间劳动现象已经渐渐改变。说起劳动生产率的话，劳动总时间减少，那么单位时间的生产率就变得更加重要，所以应该积极制定长期的、可信赖的、能够提高劳动生产率的策略。

在第1章分析了经济潜在增长率下滑的主要原因，可以看到在劳动、资本、全要素生产率三大要素对增长率的提高都没有起到积极的促进作用。

由此可知，以下四点与提高劳动生产率密切相关。第一，在劳动这一要素上，要提高劳动质量，也就是提高人力资本；第二，资本方面，推进信息化投资至关重要；第三，需要不断提升对无形资产的投资，无形资产包括软件工程及企业教育投资等，这都是和信息化投资及劳动质量密不可分的；第四，努力提高中小企业的全要素生产率。

根据以上梳理的内容，下面从促进信息化投资、提高人力资本、提高中小企业的全要素生产率三方面分别进行探讨。

● 推动信息化投资

毋庸置疑，信息通信技术（ICT）是关于数字化信息的处理、传达、共享的科学技术。在日本，信息化投资停滞不前，即ICT发展落后的原因之一应该是日本企业传统的组织形式、决策、人事系统。

信息通信技术发达的特征之一就是，通过重复性人才、频繁的配置转换、人事调动、长时间的劳动付出来构筑十分高效的信息网络，实现部门内部及各部门间的信息共享以及基于此形成的有效协作。

这个特征也成为被称作"工匠型"制造业的竞争力源泉。但也因为"人力"搭建的信息共享及协作系统如此发达，所以当信息通信技术出现时，企业并没有特别感受到它的必要性，所以在对其全面灵活运用方面的确是落后了。

但是通过使用信息通信技术可以更加高效地实现信息处理、传达、共享，对工作内容、开展方式、工作方式、组织形式及决策都会产生革命性影响。正因为它是高度通用的技术，所以使用的广泛程度甚至超出想象。

例如，从工作方式来看信息通信技术的主要作用。必要信息可以全部进行数字化，实现无纸化办公。它导入了不拘泥于时间、地点的工作方式，同时将白领阶层工作的投入及产出变得"可视化"，由此可以提高单位时间的生产率。诸如此类，总之信息通信技术是关系到所有工作方式改革的、具有重大意义的第一步。

从信息化投资角度来看，应该考虑作为新型科学技术备受关注的机器人流程自动化（RPA）及人工智能（AI）。机器人流程自动化可以代替人类从事目前的劳动。换句话说，进行实质性劳作的硬件是机器人，代替人利用电脑开展工作（白领的事务性工作）的软件就是机器人流程自动化。这样应该更容易理解。

另外，需要强调人工智能的自动化程度。它是拥有与人类同等智商的机器，能够相当高程度地替代人类工作。但人工智能的本质依旧是学习型机器（包括深度学习），它具备将所有信息数字化、构筑大数据并进行预测的功能。

如果由日本传统的企业组织、人事系统构建起的"人力"信息系统阻碍了信息化投资进程，那么为了彻底推动包括人工智能、机器人流程自动化在内的信息通信技术化发展，就必须要彻底改革日本企业的组织结构、决策、人事系统。因此，近年来，各企业在进行工作方式改革的同时，也应该充分、灵活地采用新型科学技术手段。

例如，山本勋分析了上市公司人工智能、机器人流程自动化、信息通信技术等各项新型技术的使用情况和劳动时间变化的关系，他发现越是采用新兴技术多的企业，单位时间的生产率劳动越高，特别是在特种技术中，机器人流程自动化等的使用大大减少了劳动时间。可以说，新兴科技的导入和工作方式的改革是相辅相成的关系，从这一点来看，应该积极推进新兴科技的使用和投资。

● 提高人力资本（人工智能时代人力资本提升策略）

下面来看提高人力资本的策略。在日本企业统招应届毕业生时（特别是文科专业的大学毕业生），通常并不对其以特定的职务、特定的技能录用，所以企业非常重视入职后的在岗培训。但不管是在岗培训还是脱产培训，进入20世纪90年代后，企业对教育培训的投入明显减少。也就是说，现在已经不可能将人才培训全部交给企业完成了。

因此，要提升人力资本，不仅是就业前的教育，关注就业后的自我提升、再学习、循环教育也是至关重要的。至于教育内容，应该是如何培养能够应对前所未有的高速技术革新现状的人才，这是重中之重。

应该重视什么样的教育呢？这个议题过于宽泛，如果全面解答的话就超出了笔者的能力，但在此聚焦于如何应对人工智能时代这一点上。显而易见，能够掌握人工智能技术的科学家等人工智能人才是供不应求的。但仅仅将目光放在这些人身上是不够的。应该在更广义的范围，比如开发与人工智能相辅相成的技术，培养相关人才也很重要。

例如，人工智能利用大数据得出的"预测"是否是确切的评价、解释，是否有助于决策，这就要求应该具备不同于仅靠人工智能进行预测的其他能力、技术。但是，如果没有这样的人才，灵活运用人工智能并使其发挥作用就变得异常困难了。

例如像医生、律师这样专业性很强的职业。他们的一部分工作或许可以由人工智能预测代替，但是做出最终论断的还是医生、律师本人，他们必须和以前一样具备医学及审判案例的知识储备、实践经验，这一点自不必言。

这样的职业不光要求人具有超出人工智能能力的专业领域内更具体系、逻辑的理解力及经验，还要有能够随机应变的灵活思考力。

而且，判断将人工智能技术应用在哪个领域可以使我们的生活更加富裕的正是人类自己。通过灵活运用人工智能的预测功能，在商界可以提供适合不同顾客的商品及服务，无限地挖掘新商机。为不断发现新的商机也需要更多新的想法、创意。

具有代表性的是教育行业。如果灵活运用人工智能技术，可以根据每个学生的能力、完成程度来使用恰当的教育体系，帮助学生取得最大的学习效果。这样一来，批量型教学就失去了意义，未来会实现个性化教育。当然，对电教授课、多媒体利用、对学生掌握程度的实时把握等是充分利用信息通信技术的前提条件。教学现场的根本性革新是关系到培养适合人工智能时代的具有创造性和个性化丰富人才的必要条件。

而且，技术革新的速度如此之快，这不仅意味着人工智能时代的到来，还意味着已有知识及技术的陈旧化。因此，教育应该不但要让人们获取新的知识及技能，还应该帮人们找到无论任何年龄都可以学习新知识的方法。为具有求知欲的个人提供多样化教育体系，不断完善这样的教育环境才是非常重要的。

● 提高中小企业的全要素生产率

第1章从企业角度分析了对经济整体生产率（全要素生产率）产生影响

的不同因素。可以得知，进入21世纪后，通过内部的业务整合及扩大规模而产生的"再分配效应"和全要素生产率高的企业重新进入市场的"扩大效应"等都对经济整体生产率起到了积极作用，但全要素生产率高的大企业纷纷进军海外市场而出现的"减缩效应"和中小企业的事务所等全要素生产率增长低迷而出现的"内部效应"起到的则是负面作用。

在经济全球化时代，全要素生产率高的大企业进军海外市场这股潮流难以阻挡。但中小企业的全要素生产率依旧有上升空间。政府采取了对中小企业IT化等一系列措施，把这些措施一一列举出来超出了本书的范畴，所以在此仅探讨一下中小企业的传承问题。

中小企业的经营者在逐步走向老龄化，并且难以找到继承者。有不少中小企业尽管生产率很高但也不得不选择结束经营。如果可以将企业转让、售卖或者并购给具备新型经营理念的经营者，那么该企业的全要素生产率极有可能得到进一步的提高。

所以，现在的问题就是，寻找继承者的中小企业与希望接手重新经营的人才之间的匹配问题。这种匹配工作及从事该类工作的机构的成立因ICT的发达而变得格外简单，有望对提高中小企业的生产率带来革命性的影响。

而且，推动新的企业加入生产率高的行业市场也是非常重要的。众所周知，日本的企业开创比例是低于其他发达国家的。根据问卷调查，日本对创业不感兴趣的人群占比与其他发达国家相比，也格外高。但也有调查显示，日本对创业感兴趣的人在创业准备、成功创业方面的占比并不逊色于其他国家。

基于这种状况，如何提高人们对创业的兴趣这一点变得格外重要。例如日本政府金融公库每年都会举办"高中生商业企划大赛"，这是一项面向高中生的商业企划全国大赛。征集旨在开拓日本未来、区域未来的商业企划并进行表彰。这样的比赛可以说为担负着未来职责的年轻人提高创业关注度创造了良好的机会。

● 提升经济增长力的政府职能

在此，从提高经济增长力的角度来探讨一下政府职能。我们听到对"安倍经济学"最多的批判之一就是：政府的成长战略不完善，应该进一步改进。但是我们需要重新认识到一点——政府提高经济潜在增长率的职能效力本来就是十分有限的。

要牢记，以财政、货币政策为基础的宏观经济政策的核心思想就是经济的稳定化。当然，经济政策中除了包含政府对个别领域、产业的支援、干预，原则上它的主要职能是斧正经济活动中出现的资源分配不均（广义上的市场调控失败）问题。从这一观点出发的经济政策以前被称作"结构性改革"。

当然，或许政府本来是想通过结构性改革提高经济潜在增长率，但这并不是唯一目的。政府应该认识到结构性改革不可能短期内直接可以提高潜在增长率。

另外，如果说政府成长战略的合理化部分，那应该是不断完善作为提高国民经济生产率基础的广义基础设施。例如，涵盖工作方式改革在内的一系列雇佣制度改革就可以认为是完善基础设施的内容之一。

但归根结底这都是间接方法，对生产率产生作用需要相当长的时间，这一点政府应该是有心理准备的。所以，即便不能立刻初显成效，也希望政府能够出台持久的政策方针。

基于以上探讨，从政治立场出发，以短期、直接效果为目标的安倍经济成长战略与政府应该采取长期战略的思想，从根本上来说就是矛盾的，这一点自不待言。

摆脱
"低温经济"

　　另一个与增强经济成长力同等重要课题是摆脱物价、工资停滞不涨的"低温经济"状态。在第4章、第5章中解开了虽经济扩张、国内生产总值缺口缩小、劳动供需关系紧张但工资、物价稳定不增的谜团，分析了其原因。由分析可知，根本上是与日本的雇佣制度、劳动力市场及企业的价格战略密不可分的。

　　虽然存在上述原因，但"安倍经济学"试图仅凭货币政策就实现物价上升的目标，因此将其失败的原因归结为前述的结构性因素就一目了然了。物价上升不应该仅仅依赖于货币政策。

　　那么，摆脱"低温经济"状况需要哪些必要条件呢？下面从"雇佣制度、劳动力市场"和"企业价格战略"两个角度进行研究探讨。

● 雇佣制度、劳动力市场：工资制度合理化带来劳动市场活跃化

　　第4章从各个角度分析了工资难以上涨的原因。从根本上来说，虽然20世纪90年代后日本经济环境出现重大变化，雇佣制度也应该随之进行必

要改革，但劳资双方都将中老年正式职员的工作稳定问题放在首位进行考量，而且这一考量涉及工资水平停滞不升、非正式雇佣不断扩大、抑制应届毕业生录用、就业冰河期的一代人出现等诸多问题，可以说这些都是造成工资难以上涨的原因。

当然，雇佣关系稳定的重要性是毋庸置疑的，但保护一部分正式员工的"大义之道"不能成为牺牲工资及非正式劳动者的理由。因此，采取某种形式积极促成中老年职员调换工作岗位应该是更具有根本性意义的对策。

但在这里需要强调的是，长期雇佣制度未来也应该一直存在于日本的雇佣体系中，为保证解雇的有效性，现行解雇制度（解雇权滥用法规）需要具备客观合理、具有社会普适性的基本框架。换言之，笔者并不是主张通过放宽解雇制度来促成工作岗位转换的活跃化。

妨碍调换工作岗位的是后支付型（按照工作资历）工资制度。鹤光太郎指出，在通常情况下，正式员工从40岁到退休时的工资是不断增长的，这在欧美国家是罕见的，是日本独有的。但这意味着工资高于生产率，员工被调职到其他企业（特别是从大型企业调到中小企业）时，会出现工资大幅下降的情况，因而影响了调职情况的出现。

鹤光太郎还指出，从35岁左右开始，除一部分干部后备人才外，其他正式员工基本都转到事务性工作岗位，所以应该调整工资体系，采纳与职务、作用、能力、生产率相适应的工资制度才对，人才具备了市场性，才能促进劳动力流动，这应该是很重要的。

关于非正式雇佣的工资问题，为对同一企业内正式雇佣与非正式雇佣的劳动者之间不合理的待遇差别进行切实有效的斧正，政府修订相关法规，制定相应的指导标准。不能再仅仅以非正式雇佣为由压低工资，期待保障不拘于雇佣形式的公正待遇。

如此看来，正式雇佣劳动者"过高"的工资和非正式雇佣劳动者"过低"的工资都应该调整到合理、公正的水平，期待工资能够更加直观地体现出经济状况及劳动供需关系。

● 企业价格战略

在第5章，解释物价难以上涨的原因中提到因为工资难以上调导致物价难以上涨，不仅如此，还陈述了着眼于企业价格设定行为的重要性。

第5章还指出：20世纪90年代后，在价格黏性不断增强的情形下，趋势性通货膨胀率低下、经济全球化等导致企业很难上调商品价格，即协调失灵。再加上通货紧缩观念深入人心，所以价格保持不变已经成为商家和消费者之间的默认契约。应该如何看待这些问题的解决策略呢？

价格设定时的协调失灵一般多发生在同类产品、服务中。因为在这种情况下，需求方基本上只看价格，这样就会引发激烈的价格战。因此，将同类产品、服务的价格战转移到产品、服务的内容及质量的差别化，这对企业来说应该更容易单独提价。正如前面看到的，通过灵活运用信息通信技术、人工智能提供产品、服务应该可以不断得到差别化、个性化发展。

另外，产品、服务的价格水平并不能完全反映出成本及品质，即便如此，如果消费者认定"价格不变"这一默认契约，那调整价格就不是容易的事情了。这时，竭尽全力让消费者充分理解价格上调的原因，使其改变意识及想法将是十分必要的。另外，为防止在价格上调过程中出现协调失灵的情况，从《禁止垄断法》的角度来说，要重视企业联合垄断行为，必须支持业界整体的一致性举措。

此类的积极案例比如2017—2018年宅急送各公司修订运费、服务内容一事。日本大和运输公司在2017年10月、佐川快递在2017年11月、日本邮政在2018年3月分别采用了新运费制度。日本大和运输公司在2017年5月下旬通过报纸向全国国民通报了自当年10月份起将会上调运费，同时诉说了配送业务的窘况及劳动力严重不足的困境。经过此番努力，消费者对快递行业的严峻状况表示理解。整个行业虽然在时间上有所差别，但依旧可以称得上是集体发声的典型案例。

作为"难题先行国"的 新挑战与责任

正如在前言中指出的那样，背负着"难题先行国"的苦恼（泡沫经济崩溃、通货紧缩、极度少子老龄化），同时摸索着前行之路——这就是跨越平成时代30年间的日本经济的面貌。其中，日本深陷"低增长、低温经济的自我实现"与"政策机能不完善"这一"恶性均衡"中也是不争的事实。

对于如何摆脱这种状况，在本章前面部分已经提出了几点建议。当然，正如本书反复强调的那样，这些建议都并非立竿见影的绝妙建议。但是，如果政府和国民都能站在长远角度、采纳前述具有持久性的策略，完全可以脱离"恶性均衡"状况。

平成时代30年间，日本从乘泡沫经济之势站立在世界"巅峰"的无限风光时代，渐渐开始失去自信、失去对未来的期待。但仅以"失去的20年、30年"来定义这一时期是有失偏颇的。

因为我们时常能感受到日本经济有无限的潜力。举一个例子，外国人制作的《日本再发现》节目主要讲日本人本来已经司空见惯的事物，由此可见，外国人反而能够发现日本的优秀之处。

令人大感意外的是，即便是人气观光地或场所，外国人也总会对日本人意料之外的日本元素产生兴趣。日本动漫、饮食、酒文化并不仅仅是日本式臻品，而是具有可以走向世界的普适性价值的代表。大胆概括的话，无论是商品还是服务，日本很多事物都可以体现出"细致入微的纤细质感"，动漫及待客之道也是其典型表现。

日本在我们忽视的地方依旧保持着它的坚韧与优秀之处。为了重新发现它们，日本社会应该创造更具包容性、开放性的土壤，允许包括外国人在内的各种人才发表多样性的想法并予以接受。而且，日本在面向未来发挥无限潜力的过程中，应该保持"谨慎乐观的态度"，政府要与国民齐心协力、坚持不懈地面对未来的挑战。

📝 专栏 14　从《骨太方针》[①] 来看经济结构性调整到成长战略的转化

政府之所以从结构性改革转移到成长战略，如果看一下《骨太方针》的发展过程便可明了。

2001年至2006年是小泉政权时代，执行的是《关于经济财政运营与结构性改革的基本方针》。从安倍首次执政的2007年至将政权重新交至民主党前的2009年，实施的是《经济财政改革基本方针》，其中，"结构性改革"一词被删除。2013年以后，安倍再次执掌政权，实施《经济财政运营和改革的基本方针》，"改革"一词再次与"经济财政"分离开来，而且"结构性"一词依旧没有出现。

---

① 指日本经济财政运营及改革基本方针，经过日本经济财政问询会议讨论，由内阁决议实施，包括日本政府总括性经济政策。——编者注

实际上，在2001—2005年的《骨太方针》中，"成长战略"一词仅在2004年偶尔出现过，其他年份完全没有使用过。该词在《骨太方针》中首次正式得到启用是在2006年的版本中。当时，政府执政党集体拟定《经济成长战略大纲》，就是现在政府成长战略的雏形，是站在推动经济发展的角度拟定的。

不过，必须注意的是，在2006年的《骨太方针》中，特别强调了要坚持结构性改革路线。具体来说，在结构性改革的框架下，要优先考虑3个问题：强化经济成长力、竞争力；财政健全化；实现安全、稳定、灵活、多元的社会。

为推动财政健全化发展，强化经济的成长力和竞争力是不可或缺的。

但是，虽然2007年后的《骨太方针》中还在使用"结构性改革"一词，但归根结底都是用在一些细节专题讨论中，作为表示经济政策基本框架的词汇完全不再被使用。取而代之的是"强化成长力""成长战略"，该类词汇开始被频繁使用。

这意味着政策已经完全忽视了与2006年《骨太方针》中"结构性改革"这一基本框架及财政健全化之间的关联性，只是选取了听上去不错的"成长战略"部分，这导致后来"政府可以自如操纵经济增长率（潜在增长率）"的幻想渐渐深入人心。

在政治层面，之所以对"结构性改革"一词唯恐避之不及，当然是因为它伴随着切肤之痛的负面印象，原因无二。但是，若在政治上一味逃避，那么就不可能彻底实现提高经济持久性潜在增长率的相关改革。在2006年的《骨太方针》中进行了如下表述。重新看待当时的政治思想，展望日本的未来。

"结构性改革难道没有给日本经济带来'阴影'吗？正因为如此，改革才事不宜迟。如果怠于应对结构性改革的挑战，那么不知不觉间日本经济的根基就会全盘下陷，同时也会弱化抵御世界风险的能力。大家需要铭记：与挑战带来的'阴影'相比，却步不前带来的'阴影'才是巨大的。"

　　"结构性改革并非仅仅是政府需要面对的课题。这是一个全体国民应以举国之力来解决的课题。对结构性改革的必要性和方向性，哪怕是能够多得到一个国民的理解也好，必须要有达成共识的鲜明旗帜。"

● 祝迫得夫（2017）「日本の企業貯蓄とISバランス」一橋大学経済研究所『経済研究』68（3），pp. 209–221.

● 岩本康志・尾崎哲・前川裕貴（1995）「『家計調査』と『国民経済計算』における家計貯蓄率動向の乖離について（1）―概念の相違と標本の偏りの問題の検討」財務総合政策研究所『フィナンシャル・レビュー』35号，pp.51–82.

● 植田和男・大野正智（1993）「家計貯蓄率動向の謎―世帯調査と国民経済計算との乖離について」日本銀行金融研究所『金融研究』12（2），pp.127–147.

● 宇南山卓（2018）「消費増税まで1年（下）消費の反動減対策は不要」『日本経済新聞』経済教室（2018年9月26日付朝刊）.

● 一・大野太郎（2017）「日本の世帯属性別貯蓄率の動向について」RIETI Discussion Paper Series, 17–J–035.

● 翁邦雄（2015）『経済の大転換と日本銀行』岩波書店.

● 一（2017）『金利と経済』ダイヤモンド社.

● オリヴィエ・ブランシャール, 田代毅（2019）「日本の財政政策の選択肢」PIIE Policy Brief 19–7.

● 加藤直也・川本卓司（2016）「企業収益と設備投資―企業はなぜ設備投資に慎重なのか？」日本銀行『日銀レビュー』2016–J–4.

● 加藤涼（2006）『現代マクロ経済学講義―動学的一般均衡モデル入門』東洋経済新報社.

● 河越正明・前田佐恵子（2013）「家計の行動とSNA―SNA 分布統計を用いた分析例」New ESRI Working Paper No.28.

● 金榮愨・深尾京司・牧野達治（2010）「『失われた20 年』の構造的原因」一橋大学経済研究所『経済研究』61（3），pp.237–260.

● 久米功一・鶴光太郎・佐野晋平・安井健悟（2018）「社会保障の給付負担に対する選択を決定する要因は何か―個人の意識の役割」行動経済学会『行動経済学』第11巻，pp.54–74.

● 黒坂佳央・浜田宏一（1984）『マクロ経済学と日本経済』日本評論社.

● 黒田東彦（2016）「『マイナス金利付き量的・質的金融緩和』への疑問に答える」読売国際経済懇話会における講演（2016 年3 月7 日）.

● 玄田有史編（2017）『人手不足なのになぜ賃金が上がらないのか』慶應義塾大学出版会.

● 財務省（2018）「日本の財政関係資料」.

● 酒巻哲朗（2009）「1980 年代以降のGDP ギャップと潜在成長率について」深尾京司編『マクロ経済と産業構造』慶應義塾大学出版会，pp.3–32.

● 白川方明（2008）『現代の金融政策―理論と実際』日本経済新聞出版社.

● 高橋徳行・磯辺剛彦・本庄裕司・安田武彦・鈴木正明（2013）「起業活動に影響を与える要因の国際比較分析」RIETI Discussion Paper Series ,13–J–015.

● 伊達大樹・中島上智・西崎健司・大山慎介（2016）「米欧諸国におけるフィリップス曲線のフラット化―背景に関する3 つの仮説」日本銀

行『日銀レビュー』2016–J–7.

● 鶴光太郎（2016）『人材覚醒経済』日本経済新聞出版社.

● ―（2017）「財政『タダ乗り』政策に問題」（エコノミクス・トレンド）『日本経済新聞』経済教室（2017年1月16日付朝刊）.

● ―（2019）「日本の雇用システムの再構築：総論」鶴光太郎編『雇用システムの再構築に向けて―日本の働き方をいかに変えるか』日本評論社、第1章（DPバージョン、RIETI Policy Discussion Paper Series 19–P–008）.

● 外木好美・中村純一・浅子和美（2010）「Multiple q による投資関数の推計―過剰設備の解消過程における資本財別投資行動の考察」日本政策投資銀行設備投資研究所『経済経営研究』31（2）.

● 冨浦英一（2014）『アウトソーシングの国際経済学―グローバル貿易の変貌と日本企業のミクロ・データ分析』日本評論社.

● 内閣府（2005）『世界経済の潮流』2005年秋号.

● 中谷巌（1981）『入門マクロ経済学』日本評論社.

● 中野誠（2009）『業績格差と無形資産―日米欧の実証研究』東洋経済新報社.

● 中村純一（2017）「日本企業の資金余剰とキャッシュフロー使途―法人企業統計調査票データに基づく規模別分析」財務総合政策研究所『フィナンシャル・レビュー』132号，pp.27–55.

● 日本銀行（2013）「金融政策運営の枠組みのもとでの『物価安定の目標』について」（2013年1月22日）.

● ―（2016）「『量的・質的金融緩和』導入以降の経済・物価動向と政策効果についての総括的な検証【背景説明】」（2016年9月21日）.

● —（2019）「金融システムレポート」（2019年4月号）.

● 日本経済研究センター（2018）「生産性、日米の違いは何か—製造業のICT化が競争力維持のカギ」（政策提言「第4次産業革命の中の日本」）.

● 日本政策投資銀行（2008）「日本のM&A動向と企業財務の改善効果」『調査』第93号.

● NIRA 総合研究開発機構（2015）「社会保障改革しか道はない—2025年度に向けた7つの目標」NIRA研究報告書（2015年5月）.

● 浜田浩児（2003）「SNA 家計勘定の分布統計—国民経済計算ベースの所得・資産分布」内閣府経済社会総合研究所『経済分析』第167号.

● —（2012）「2009年SNA 分布統計の推計—2000年代後半における国民経済計算ベースの所得・資産分布」内閣府経済社会総合研究所『季刊国民経済計算』No.148, pp.1–60.

● 早川英男（2016）『金融政策の「誤解」—"壮大な実験"の成果と限界』慶應義塾大学出版会.

● 深尾京司（2012）『「失われた20年」と日本経済—構造的原因と再生への原動力の解明』日本経済新聞出版社.

● —（2018）「1990年代以降のTFP 上昇減速の原因」深尾京司・中村尚史・中林真幸編『日本経済の歴史6　現代2　安定成長期から構造改革期（1973–2010）』岩波書店, 第4章第2節.

● —・宮川努編（2008）『生産性と日本の経済成長—JIP データベースによる産業・企業レベルの実証分析』東京大学出版会.

● 福田慎一（2017）「企業の資金余剰と現預金の保有行動」財務総合政策研究所『フィナンシャル・レビュー』132号, pp.3–26.

● —（2018）『21世紀の長期停滞論—日本の『実感なき景気回復』

を探る』平凡社新書.

● ベンチャーエンタープライズセンター（2014）『平成25年度「起業家精神に関する調査（GEM調査）」報告書』.

● 堀雅博（2018）「我が国世帯の消費性向の動きについて」内閣府経済社会総合研究所『Economic & Social Research』No.22，pp.13–15.

● 正村公宏（1981）「官庁エコノミストの日本経済論」日本評論社『経済セミナー』No.320，pp.44–49.

● 宮川努・浜潟純大（2006）「ヴィンテージ資本と更新投資循環」JCER Discussion Paper No.94.

● 宮川努・比佐章一（2013）「産業別無形資産投資と日本の経済成長」財務総合政策研究所『フィナンシャル・レビュー』112号，pp.157–179.

● 森川正之（2018）『生産性 誤解と真実』日本経済新聞出版社.

● 森信茂樹（2018）「消費増税前後の経済変動はなぜ生じるのか」RIETI BBLセミナー（2018年3月29日）.

● 山崎朋宏・酒巻哲朗（2018）「SNAの枠組みにおける家計詳細勘定の再推計」ESRI Research Note, No.42.

● 山本勲（2019）「新たなテクノロジー導入の従業員への影響」スマートワーク経営研究会・最終報告『働き方改革、進化の道筋―生産性向上に資するテクノロジー、ウェルビーイング』第4章第2節.

● 一・黒田祥子（2014）『労働時間の経済分析―超高齢社会の働き方を展望する』日本経済新聞出版社.

● 吉田充（2017）「GDPギャップ／潜在GDPの改定について」内閣府政策統括官（経済財政分析担当），経済財政分析ディスカッション・ペーパー，DP/17–3.

● 渡辺努（2018）「なぜデフレ脱却ができなかったのか—黒田日銀の5年を振り返る」nippon.com（2018年2月6日）.

● Agrawal, A., J. Gans and A. Goldfarb (2018), *Prediction Machines: The Simple Economics of Artificial Intelligence*, Ore Core Music Publishing. ［邦訳『予測マシンの世紀—AIが駆働する新たな経済』早川書房，2019年］.

● Ahn, S., K. Fukao, Y. Kim and H. Kwon (2012), " Productivity dynamics: A comparison of the manufacturing sector in Korea and Japan," Powerpoint presented at the Korea–Japan Workshop on Productivity. Seoul National University, Seoul, Korea, December 7, 2012.(https://www.r ieti.go.jp/jp/events/12120701/pdf/ahn–kim–kwon.pdf).

● Álvarez, L. and I. Hernando (2005), "The Price Setting Behaviour of Spanish Firms: Evidence from Survey Data," *European Central Bank Working Paper Series,* No. 538.

● Andrews D., P. Gal and W. Witheridge (2018), "A Genie in A Bottle? Globalisation, Competition and Inflation," *OECD Economics Department Working Papers,* No.1462.

● Aucremanne, L. and M. Druant (2005), "Price–setting Behaviour in Belgium: What Can Be Learned from an Ad Hoc Survey?" *National Bank of Belgium Working Paper,* No.65.

● Auer, R., C. Borio and A. Filardo (2017), "The Globalisation of Inflation: The Growing Importance of Global Value Chains," *BIS Working Papers,* No.602.

● Bernanke, B. S. (2005), "The Global Saving Glut and the U.S. Current Account Deficit." Remarks at the Sandridge Lecture, Virginia Association of Economics, Richmond, Virginia, 10 March.

● Blanchard, O. (2019), "Public Debt and Low Interest Rates," *The American Economic Review,* 109(4), pp.1197–1229.

● Blinder, A., E. Canetti, D. Lebow and J. Rudd (1998), *Asking about Prices: A New Approach to understanding price stickiness*, Russell Sage Foundation, New York.

● Braun, R. A., D. H. Joines and D. Ikeda (2009), "The Saving Rate in Japan: Why It Has Fallen and Why It Will Remain Low," *International Economic Review*, 50 (1), pp.291–321.

● Cavallo, A. (2017), "Are Online and Offline Prices Similar? Evidence from Large Multi–Channel Retailers," *American Economic Review*, 107(1), pp.283–303.

● Chen, P., L. Karabarbounis and B. Neiman (2017), "The Global Rise of Corporate Saving," *Journal of Monetary Economics*, 89, pp.1–19.

● Cooper, R. (1999), *Coordination Games: Complementarities and Macroeconomics*, Cambridge University Press.

● — and J. Haltiwanger (1996), "Evidence on Macroeconomic Complementarities," *The Review of Economics and Statistics*, 78(1), pp.78–93.

● — and A. John (1988), "Coordinating Coordination Failures in Keynesian Models," *The Quarterly Journal of Economics*, 103(3), pp.441–463.

● Corrado, C., C. Hulten and D. Sichel (2005), "Measuring Capital and Technology: An Expanded Framework," *Measuring Capital in the New Economy*, pp.11–41.

● — (2014), "Knowledge Spillovers, ICT and Productivity Growth," *IZA Discussion Paper*, No. 8274.

● Dao, M. and C. Maggi (2018), "The Rise in Corporate Saving and Cash Holding in Advanced Economies: Aggregate and Firm Level Trends," *IMF Working Paper*, No.18/262.

● De Loecker, J. and J. Eeckhout (2018), "Global Market Power," *NBER Working Paper* 24768.

● De Nardi, M., E. French and J. Jones (2010), "Why Do the Elderly Save? The Role of Medical Expenses," *Journal of Political Economy*, 118(1), pp.39–75.

● Draghi, M. (2018), "Monetary Policy in the Euro Area," Speech, ECB Forum on Central Banking, Sintra, 19 June.

● Goodfriend, M. and R. King (1997), "The New Neoclassical Synthesis and the Role of Monetary Policy," *NBER Macroeconomics Annual*, 12, pp.231–283.

● Goodridge, P. and J. Haskel(2015), "How does big data affect GDP? Theory and evidence for the UK," *Imperial College London Discussion Paper*, 2015/06.

● Goolsbee, A. and P. Klenow (2018), "Internet Rising, Prices Falling: Measuring Inflation in a World of E–Commerce," *NBER Working Paper*, No.24649.

● Gruber, J.W. and S.B.Kamin (2016), "The Corporate Saving Glut and Falloff of Investment Spending in OECD Economies," *IMF Economic Review*, 64(4), pp.777–799.

● Hall, S., M. Walsh and A. Yates (2000), "Are U.K. Companies' Prices Sticky?" *Oxford Economic Papers*, 52(3), pp.425–446.

● Hayashi, F. (1982), "Tobin's Marginal q and Average q: A Neoclassical Interpretation," *Econometrica*,50(1), pp.213–224.

● — (1986), "Why is Japan's saving rate so apparently high?" *NBER Macroeconomics Annual, 1*, pp.147–210.

● Hodrick, Robert J. and Edward Prescott (1997), " Postwar U.S. Business Cycles: An Empirical Investigation," *Journal of Money, Credit and Banking*, 29(1), pp.1–16.

● Hori, M., K. Iwamoto, T. Niizeki and F. Suga (2016) "Do the Rich Save More in Japan? Evidence Based on Two Micro Data Sets for the 2000s," *The Japanese Economic Review*, 67(4), pp.474–494.

● Horioka, C. Y. (1990), "Why is Japan's household saving rate so high? A literature survey," *Journal of the Japanese and International Economies*, 4, pp.49–92.

● — (2005), "Are the Japanese Unique? An Analysis of Consumption and Saving Behavior in Japan," in S. Garon and P. Maclachlan eds., *The Ambivalent Consumer: Questioning Consumption in East Asia and the West*, Cornell University Press.

● — (2010), "The (Dis)saving Behavior of the Aged in Japan," *Japan and the World Economy*, 22(3), pp.151–158.

● IMF (2006), "Awash with Cash: Why are Corporate Savings so High?" World Economic Outlook, Chapter 4, April.

● — (2017), "Recent Wage Dynamics in Advanced Economies: Drivers and Implications," World Economic Outlook, Chapter 2, October.

● Iwaisako, T. and K. Okada（2012）, "Understanding the Decline in

Japan's Saving Rate in the New Millennium," *Japan and the World Economy*, 24(30, pp.163–173).

● Kaldor, N. (1961), "Capital Accumulation and Economic Growth," in F.A.Lutz and D.C.Hague eds., *The Theory of Capital*, St. Martin's Press, pp.177–222.

● Kaplan, G. and G. Violante (2018), "Microeconomic Heterogeneity and Macroeconomic Shocks," *Journal of Economic Perspectives*, 32(3), pp.167–194.

● Klenow, P. and B. Malin(2011), "Microeconomic Evidence on Price-Setting," in B. Friedman and M. Woodford eds., *Handbook of Monetary Economics*, 3A, Elsevier, pp.231–284.

● Koga, M. (2006), "The Decline of Japan's Saving Rate and Demographic Effects," *The Japanese Economic Review*, 57 (2), pp.312–321.

● Krugman, Paul R. (1998), "It's Baaack! : Japan's Slump and the Return of the Liquidity Trap," *Brookings Paper on Economic Activities* No.2.

● 一 (2015), "Rethinking Japan, *The New York Times*, October 20.

● Kwapil C., J. Baumgartner and J. Scharler (2005), "The Price Setting Behaviour of Austrian Firms: Some Survey Evidence," *European Central Bank Working Paper Series,* No.464.

● Li, W., M. Nirei and K. Yamana(2019), "Value of Data: There's No Such Thing as a Free Lunch in the Digital Economy," *RIETI Discussion Paper Series*, 19–E–022.

● Mankiw, N. (2010), "New Keynesian Economics," *The Concise Encyclopedia of Economics*.

● Martins, F. (2005), "The Price Setting Behaviour of Portuguese Firms:

Evidence from Survey Data," *European Central Bank Working Paper Series*, No.562.

● Morikawa, M.(2017), "Are Part-time Employees Underpaid or Over paid? Productivity-wage Gaps in Japan," *RIETI Discussion Paper Series*, 17-E-077.

● Murata, K. (2019), "Dissaving by the Elderly in Japan: Empirical Evidence from Survey Data," *Seoul Journal of Economics*, 32(3), pp.285-322.

● Nickel, C. (2017), "The Role of Foreign Slack in Domestic Inflation in the Eurozone," *Vox CEPR Policy Portal, 28 July.*

● Obstfeld, M. and K. Rogoff (1995), "The Intertemporal Approach to the Current Account," in G. Grossman and K. Rogoff, eds., *Handbook of International Economics*, Vol. 3, Chapter 34, pp.1731-1799.

● OECD(2013), "Exploring Data-Driven Innovation as a New Source of Growth: Mapping the Policy Issues Raised by 'Big Data'," *OECD Digital Economy Papers No.222.*

● — (2016), "Global Growth Warning: Weak Trade, financial distortions," *Economic Outlook Interim Report* (September).

● Poterba, J. M.(1987), "ax Policy and Corporate Saving," *Brookings Papers on Economic Activity*, 2, pp.455-503.

● Sachs, J. (1981), "The Current Account and Macroeconomic Adjustment in the 1970s," *Brookings Papers on Economic Activity*, 1, pp.201-268.

● — (1982), "The Current Account in the Macroeconomic Adjustment Process," *The Scandinavian Journal of Economics*, 84(2), pp.147-159.

● Shinada, N.(2011), "Quality of Labor, Capital, and Productivity Growth in Japan: Effects of employee age, seniority, and capital vintage," *RIETI Discussion Paper Series*, 11–E–036.

● Solow, R. M. (1957), "Technical Change and the Aggregate Production Function," *The Review of Economics and Satatistics*, 39(3), pp.312–320.

● Stahl, H. (2005), "Price Setting in German Manufacturing: New Evidence from New Survey Data," *European Central Bank Working Paper Series*, No.561.

● Stiglitz, J. (2018), "Where Modern Macroeconomics Went Wrong," *Oxford Review of Economic Policy*, 34(1–2), pp.70–106.

● Taylor, J. B. (1993), "Discretion versus policy rules in practice," *Carnegie-Rochester Conference Series on Public Policy*, 39, pp.195–214.

● Watanabe, K. and T. Watanabe (2018), "Why Has Japan Failed to Escape from Deflation?" *Asian Economic Policy Review*, 13(1), pp.23–41.

● Weyl, E. and M. Fabinger (2013), "Pass–Through as an Economic Tool: Principles of Incidence under Imperfect Competition" *Journal of Political Economy*, 121(3), pp. 528–583.

● Woodford, M. (2009), "Convergence in Macroeconomics: Elements of the New Synthesis," *American Economic Journal: Macroeconomics*, 1 (1), pp.267–279.

● Zarnowitz, V. (1992), *Business Cycles: Theory, History, Indicators and Forecasting*, University of Chicago Press.

后记

30年来，日本经济的成长、周期发生着怎么样的变化？为什么一直以来的政策"处方"失灵了？本书对以上疑问做出了部分解答，内心虽惶恐不安，但还是请允许我在此搁笔。

执笔此书的契机是因为日本经济新闻出版社的堀口祐介先生——他同时也是本书的编辑——问了我一句："写一本现代版的《宏观经济学与日本经济》怎么样？"对于该书，在前文已有详细介绍，在此不再赘述，但笔者也有自己的困惑之处。因为过去10年里，笔者的研究对象是雇佣关系、劳动领域，从宏观经济角度分析日本经济还是之前任职于原经济企划厅及经济合作与发展组织经济总局时，但那已经是20多年前的事情了，20年间，确实存在着巨大的时代落差。

在日本经济企划厅开启职业生涯后，分析宏观经济的学者立场就是我的起点，这是不争的事实。因为想到如果一直留在政府部门，到了退休的年纪，再重新满怀真挚地面对原点时的课题，回顾整个日本经济，那岂不是等于重温自己的职业生涯，这也是格外有意义的一件事吧，所以就非常想挑战一下。

当然，仅凭一己之力是难以完成此项任务的，所以拜托了在原经济企划厅、内阁府任职时秉性相投的后辈同事村田启子、前田佐惠子作为共同执笔人，在得到她们两人爽快的允诺后，我们便开始了此项工作。两位共同执笔人作为课长助理都有执笔《经济白皮书》的经验，具备以开阔的视角来分析日本经济的能力，而且在自己的专业研究领域也已取得累累硕果，完全称得上是最有力、最合适的合作者。

笔者以前写书时出现过延期交稿的情况，给编辑造成了困扰，所以也请堀口祐介编辑加入进来，我们每月按时召开一次研讨会，从构思到出版成书终耗时2年时间完成了。在此，对堀口祐介、前田佐真子、村田启子的不吝协助和全力以赴表示衷心的感谢，本书即便说是4人合著，也非言过其实。

本书最大的目标是试图一气呵成将日本经济直白地展现出来，但需要特别注意的是，书中基本没有提及20世纪90年代至21世纪初日本经济的重要课题——银行不良债权问题及金融体系的稳定性问题。

当然，即便不良债权问题解决，或许依旧有人认为金融体系问题从结果来看依旧是给日本经济投下了"阴影"。但本书的立场是，20世纪80年代、20世纪90年代、21世纪一直切实存续但不太明显的变化还是给日本经济带来极大影响。关于这一研究路径及想法是否"正中靶心"，笔者很期待读者的评价。本书的整合工作由鹤光太郎承担。前田佐惠子除负责职责内的章节外，还承担了第4章、第7章第1节的制表任务，同时协助制作了第2章、第6章的部分图表。其他执笔者（鹤光太朗、村田启子）在此一并对她表示衷心感谢。

河野龙太郎先生（法国巴黎银行证券经济调查总部部长、首席经济学家）通读了本书草稿，并且提出了非常宝贵的建议。在此对他特别表示感谢。当然，不当之处笔者应更正。本书也得到了编辑堀口先生的多方关照。笔者3人共同执笔，对于无法取得一致的地方，我们总是进行耐心细致的处理和解决。再次表示衷心的感谢！

鹤光太郎